Braecker · Wirtz-Weinrich

Sexueller Mißbrauch an Mädchen und Jungen

W0247492

Solveig Braecker
Wilma Wirtz-Weinrich

Sexueller Mißbrauch an Mädchen und Jungen

Handbuch für Interventions-
und Präventionsmöglichkeiten

4. Auflage

Beltz Verlag · Weinheim und Basel

Über die Autorinnen:
Solveig Braecker, Jg. 1951, Dipl.-Psych., freiberuflich tätig
als Psychotherapeutin.
Wilma Wirtz-Weinrich, Jg. 1956, Lehrerin (Biologie/Geschichte),
Wiss. Mitarbeiterin im Seminar für Geschichte/politische Bildung
und ihre Didaktik an der Universität Bonn. Seit 1987 Angestellte
des Vereins „Frauen gegen Gewalt e. V.".

Die Deutsche Bibliothek – CIP-Einheitsaufnahme

Sexueller Missbrauch an Mädchen und Jungen : Handbuch für
Interventions- und Präventionsmöglichkeiten / Solveig
Braecker ; Wilma Wirtz-Weinrich. – 4., überarb. Aufl. –
Weinheim ; Basel : Beltz, 1994
  (Beltz Praxis)
  ISBN 3-407-62136-1
NE: Braecker, Solveig; Wirtz-Weinrich, Wilma

4., überarbeitete Auflage 1994

Lektorat: Peter E. Kalb

© 1991 Beltz Verlag · Weinheim und Basel
Satz: Satz- und Reprotechnik GmbH, Hemsbach
Druck und buchbinderische Verarbeitung: Druckhaus Beltz, Hemsbach
Umschlaggestaltung: Atelier Warminski, Büdingen
Illustrationen: Solveig Braecker
Printed in Germany

ISBN 3 407 62136 1

Inhaltsverzeichnis

Einleitung

Sexueller Mißbrauch wird in jüngster Zeit zunehmend durch Medien und Fachveröffentlichungen thematisiert. Diese Entwicklung war nur möglich, weil erwachsene Frauen, die sexuell mißbraucht worden waren, den Mut hatten, über ihren Mißbrauch zu sprechen, und durch die Frauenbewegung politisch unterstützt worden sind. Der „Begriff sexueller Mißbrauch" wird leider im allgemeinen Sprachgebrauch als Fachterminus verwendet. Er suggeriert, daß es einen „Gebrauch von Kindern" geben könne. Als dieses Buch vor einigen Jahren entstand, haben wir diesen Begriff übernommen, der Begriff „sexuelle Ausbeutung von Kindern" wäre richtiger.

Dieses Thema ist nun zwar präsent, wird aber in der unmittelbaren Umgebung der Opfer verständlicherweise ausgeblendet; denn die Konfrontation mit einem sexuell mißbrauchten Kind löst Reaktionen wie Hilflosigkeit, Überforderung, Sprachlosigkeit und Handlungsunfähigkeit aus.

Nach neuesten Untersuchungen müssen wir davon ausgehen, daß jedes vierte Mädchen und eine erhebliche Anzahl von Jungen im Laufe ihrer Kindheit sexuell mißbraucht werden. Diese Fakten sprechen dafür, daß *jede* GrundschullehrerIn[1] während ihrer/seiner Berufstätigkeit konkret mit sexuell mißbrauchten SchülerInnen[2] konfrontiert wird.

Dieses Buch soll dabei helfen, sich dem Thema zu stellen. Spezifische Informationen für GrundschullehrerInnen sollen ermöglichen, sexuellen Mißbrauch zu erkennen, Sicherheit im Verhalten gegenüber sexuell mißbrauchten Mädchen und Jungen zu bekommen und Handlungsstrategien zu entwickeln.

---

1 Mit dem Begriff GrundschullehrerIn sind Grundschullehrerinnen und Grundschullehrer gemeint.
2 Mit dem Begriff SchülerInnen sind Schülerinnen und Schüler gemeint.

Die Funktion der Schule ist sicherlich nicht, daß jede(r) LehrerIn als „TherapeutIn und SozialarbeiterIn" arbeitet. Aber es gibt die Möglichkeit, durch präventive Unterrichtsinhalte dem sexuellen Mißbrauch von Kindern entgegenzuwirken und betroffenen Mädchen und Jungen adäquate Unterstützung anzubieten. Grundlagen für präventive Erziehung werden im zweiten Teil des Buches skizziert, sowie konkretes Material vorgestellt.

Wir danken den Grundschullehrerinnen Karin Woesler und Sabine Kohl-Endell, den Frauen des Vereins „Frauen gegen Gewalt e. V." und Dieter Schöck für Anregungen, Unterstützung und Diskussion.

Solveig Braecker   Wilma Wirtz-Weinrich

I. Psychologischer Teil

1. Fakten

Zahlen

1982 wurden im Bundesgebiet und in West-Berlin fast 11 000 Straftaten wegen sexuellen Mißbrauchs an Kindern bekannt (zu 80% handelte es sich bei den Kindern um Mädchen, Mißbraucher waren zu 99% Männer). Es ist anzunehmen, daß nicht alle Fälle von sexuellem Mißbrauch bekannt oder sogar angezeigt werden. Wenn mehr als ein Drittel der erwachsenen Frauen von sexuellen Übergriffen berichten, die sie in ihrer eigenen Kindheit erlebt haben, muß man mit einer Dunkelziffer von 1 bis 18 rechnen, d. h. etwa 300 000 Kinder werden jährlich sexuell mißbraucht. (Angaben nach BKA-Studie 1982 und 6. Jugendbericht der Bundesregierung.)

Das Bundeskriminalamt gab 1982 folgende Forschungsergebnisse bekannt: Nur in 6,2% der verurteilten Fälle von sexuellem Mißbrauch war der Täter dem Kind völlig fremd, in 23,1% der Fälle kannte das Kind den Täter (z. B. Nachbar). Wesentlich häufiger geschieht der sexuelle Mißbrauch durch nähere Bekannte und Freunde der Eltern (34,1%). Väter, Stiefväter und andere Familienmitglieder, mit denen das Kind lebt wie, z. B. Großvater oder Freunde der Mutter, machen den größten Anteil (36,8%) aus. Je enger die soziale Bindung zwischen dem Täter und dem betroffenen Kind ist, um so intensiver, gewalttätiger und länger andauernd ist der sexuelle Mißbrauch (vgl. Baurmann, S. 13).

Konstrukt
Von 100 Mädchen einer Schule werden wahrscheinlich 35 Mädchen sexuellen Mißbrauch bis zum Ende ihrer Schulzeit erlebt haben. 8 Mädchen würden durch ferne Bekannte, 12 Mädchen durch nahe Freunde und Verwandte und 13 Mädchen durch enge Familienmitglieder mißbraucht. Lediglich bei zwei Mädchen würde der Täter völlig fremd sein.

Das Vorkommen von sexuellem Mißbrauch beschränkt sich nicht auf untere soziale Schichten. In *allen* sozialen Schichten werden Mädchen und Jungen sexuell mißbraucht. Verschiedene Untersuchungen kamen zu dem Ergebnis, daß der Mißbrauch häufiger öffentlich bekannt wird, wenn der Täter fremd ist oder der unteren sozialen Schicht angehört.

Wer sind die Betroffenen?

In keinem Alter sind Kinder vor sexuellen Übergriffen geschützt. Selbst an Säuglingen und Kleinkindern werden sexuelle Manipulationen vorgenommen. Fälschlicherweise wird angenommen, daß besonders pubertierende Mädchen gefährdet seien. Nach statistischen Angaben sind Kinder zwischen 7 und 13 Jahren am stärksten von sexuellen Übergriffen betroffen, also vorwiegend Kinder in der Grundschule. In der Studie des Bundeskriminalamtes (1982) sind 45% der Opfer noch keine 10 Jahre alt. 70% der Kinder bekamen keine Hilfe in der Verwandtschaft.

Nicht nur Mädchen, sondern auch Jungen werden sexuell mißbraucht. Nach Aussagen von Beratungsstellen müssen wir heute davon ausgehen, daß erheblich mehr Jungen als ursprünglich angenommen, sexuell mißbraucht werden. Ebenso können Frauen als Täterinnen nicht völlig ausgeschlossen werden.

Im Unterschied zu Mädchen werden Jungen häufiger von Personen mißbraucht, die nicht der unmittelbaren Familie angehören, z.B. Lehrer, Gruppenleiter, ältere Jungen usw. Oft besteht ein autoritäres Verhältnis zwischen dem Jungen und dem Täter. Wird ein Junge innerhalb der Familie mißbraucht, muß er häufig auch andere Gewalttaten erleben. Gehören Mädchen der Familie an, in denen Jungen sexuellem Mißbrauch ausgesetzt sind, werden sie ebenfalls mißbraucht.

Genaue Angaben über die Anzahl von Mädchen und Jungen, die in Deutschland sexuell mißbraucht wurden, fehlen bisher immer noch. In der Bundesrepublik Deutschland gibt es wenige wissenschaftliche Untersuchungen zum Thema. Neueste Untersuchungsergebnisse einer deutschen Studie mit 861 ProbandInnen und einer Übersicht zum internationalen Forschungsstand finden sich bei Dirk Bange (1992): Die dunkle Seite der Kindheit.

Für die Schulpraxis ist die Übertragung von statistischen Zahlen (z.B. jedes 3. Mädchen, jeder 7. Junge) nicht günstig, da sie eher Panik auslöst, statt den betroffenen Mädchen und Jungen zu helfen.

14

Wichtig ist, sich zu informieren, wie die einzelnen Mädchen und Jungen unterstützt werden können.

Wer sind die Täter?

Nach Angaben des Bundeskriminalamtes aus dem Jahr 1982 kam die Mehrzahl der Täter aus dem unmittelbaren Nahraum der Kinder. Es waren Onkel, Väter, Stiefväter, Brüder, Nachbarn, Großväter, Lehrer, Jugendleiter usw.; Menschen, denen Kinder und Erwachsene meistens vertrauen. Der böse fremde Mann kam als Täter selten vor (lediglich 6,2%). Wobei man davon ausgehen muß, daß die Hemmschwelle, einen Fremden anzuzeigen, verständlicherweise geringer ist.

Aktuelle aussagekräftige Angaben zu den Tätern fehlen jedoch. Inzwischen werden immer mehr Mißbrauchsfälle, die in psychosozialen und pädagogischen Institutionen stattgefunden haben, bekannt. Die Täter sind ausgebildete Erzieher, Sozialpädagogen, Psychologen, Ärzte und Lehrer. Auch Frauen kommen hier als Mittäterinnen und Täterinnen vor. Diese Täter mißbrauchen nicht nur ein Kind, sondern mehrere. Nach Schätzungen von Beratungsstellen wird inzwischen davon ausgegangen, daß zwei Drittel der Mißbrauchsfälle in Institutionen stattfinden bzw. von deren MitarbeiterInnen begangen werden sowie, daß die meisten Täter wie auch beim Inzest nicht nur ein Opfer, sondern mehrere Opfer haben. Es gibt Hinweise, daß es sich um eine neue professionelle Art des sexuellen Mißbrauchs handelt, wo finanzielle Interessen im Vordergrund stehen. Kinderpornographie, Prostitution usw. Es ist anzunehmen, daß es sich dabei um gut organisierte kriminelle Vereinigungen handelt, die einen besonders großen Druck auf ihre Opfer ausüben.

Bisher konnten bei den Tätern keine auffälligen, von „Durchschnittsmännern" abweichende Persönlichkeitsmerkmale erfaßt werden, die zu einem eindeutigen Erklärungsmodell für sexuellen Mißbrauch führen könnten. Es gibt Überlegungen, daß diese Männer in ihrer Kindheit selbst sexuell mißbraucht wurden. Sie wollen später nicht mehr Opfer sein, sondern identifizieren sich mit der Macht und werden selber zum Täter. Nicht jeder Mann jedoch, der ein Kind sexuell mißbraucht, ist früher Opfer eines sexuellen Mißbrauchs gewesen. Andere Aspekte müssen also zur Erhellung dazukommen. Das folgende Kapitel 2 soll dazu anregen, weitere Gesichtspunkte zu betrachten. Beim derzeitigen Wissensstand über die Täter kann eine eindeutige Erklärung nicht gegeben werden.

2. Sexueller Mißbrauch und Gesellschaftsstruktur

In der Sozialpsychologie geht man davon aus, „daß die soziale Umwelt in komplexer Weise sowohl die Interaktion einer Person, als auch deren erlebnismäßige Verarbeitung bestimmt".[1] Es wird davon ausgegangen, daß wir selektiv wahrnehmen, d. h., die Erwartungen und Umstände von außen werden nicht passiv aufgenommen, sondern wir suchen uns Informationen, die zu unserem unbewußten Lebensplan passen, der schon sehr früh in der Kindheit angelegt ist. Aus der Vielfalt der Normen und Vorbilder nehmen wir aktiv eine Auswahl vor. Das gleiche gilt für die Erwartungen aus unserer konkreten Umwelt. Wir sind also nicht passiv geprägt durch die Umwelt, sondern mehr oder weniger aktiv beteiligt in der Auseinandersetzung und Gestaltung mit ihr. Aber frei von den äußeren Lebensbedingungen sind wir nicht.

So gelangen wir zu unseren persönlichen Ansichten und Meinungen aus den Vorgaben, die unsere unmittelbare Umgebung und die Gesellschaft bereithalten. Es sind mehr oder weniger bewußte Ansichten, Wertvorstellungen und Ideale. So gibt auch unsere unmittelbare soziale Gruppe (im weitesten Sinn die Gesellschaft) vor, wie Frauen und Männer sich verhalten dürfen und wie nicht.

Ein weiterer großer Einfluß auf unser Verhalten entsteht aus den konkreten äußeren Rahmenbedingungen (familiäre Situation, sozialer Status, Schulabschluß usw.) – das Umfeld, das ich als Mann oder Frau habe und hatte.

---

1 Bergler, Harich, Pörzgen, 1986

„Männlichkeitsideal" und sexueller Mißbrauch
Warm werden Männer zu Tätern?

Der starke Mann – nur nicht schwach sein

Noch unterstützt das heutige Gesellschaftssystem die Vorherrschaft von Männern über Frauen. Um die Herrschaft zu legitimieren, muß ein Bild von einem starken, überlegenen Mann aufgebaut werden. Weiche, zärtliche Gefühle entsprechen nicht dem Ideal des starken, überlegenen Mannes. Kränkungen und Gefühle von Schwäche dürfen nicht wahrgenommen werden. Niederlagen und Verletzungen werden kompensiert, indem intellektuelle, materielle und körperliche Überlegenheit angestrebt wird, die eigenen Gefühle verleugnet werden oder man sich selbst gegenüber Gewalt antut. Karrierestreben ohne Rücksicht auf den drohenden Herzinfarkt und Sportarten, die dem Körper schaden, sind Beispiele für die eigene Mißachtung, die viele Männer sich selbst antun.

So wird deutlich, daß viele Männer häufig nicht differenzieren können, wie sie sich selbst fühlen, folglich aber auch nicht, wie andere sich fühlen. Das Einfühlungsvermögen in andere Menschen ist oft nur gering ausgebildet, daher werden vorwiegend die eigenen Bedürfnisse wahrgenommen und diese nur sehr einseitig und mangelhaft.

Das Bedürfnis nach Zuwendung und Zärtlichkeit wird wenig differenziert erkannt und häufig ausschließlich als sexuelles Verlangen erlebt. Menschliche Nähe und Körperkontakt sind *nur* in der Sexualität vorstellbar. In dieses gesellschaftliche Dilemma, als Mann immer überlegen sein zu müssen, sind bisher noch viele Männer verstrickt. Der einzelne Mann muß sich nicht diese „typischen" Verhaltensweisen zuordnen. Es würde aber nicht zu seinem Schaden sein, wenn er kritisch überprüfte, ob nicht Reste dieses Verhaltens bei ihm vorhanden sind.

Herrschen über andere

Noch bis weit in das 19. Jahrhundert hinein war der Mann uneingeschränkter Herrscher in Familie und Gesellschaft. Die Frau stand bis dahin unter der Vormundschaft des Mannes (erst des Vaters, dann des Ehemannes, bei unverheirateten Frauen einer selbstgewählten männlichen Person); ihr Vermögen wurde vom Mann verwaltet; ihm standen die Erträge des Frauenvermögens zu; in der Politik hatte nur er das Wahlrecht usw.

In der Erziehung zur Männlichkeit wurde vor allem auf diejenigen Eigenschaften Wert gelegt, die auf Überlegenheit und Herrschaft abzielen. Hatte ein Mann weder Besitz, noch Vermögen, noch Macht in der Gesellschaft, war immer noch die Möglichkeit gegeben, Frau und Kinder zu besitzen und über sie zu herrschen. Sogar heute noch ist die erzwungene sexuelle Befriedigung in der Ehe (Vergewaltigung) nicht strafbar.

Zwar sind diese Machtverhältnisse teilweise noch heute gegeben, stabil sind sie aber nicht mehr. Die Vormachtstellung des Mannes wird in unserer Gesellschaft hinterfragt und ist angesichts der zunehmenden Ohnmachts- und Entfremdungserfahrungen kaum noch zu verwirklichen. Aber das Ideal vom starken Mann, der die Dinge im Griff hat und über seinen Besitz verfügen kann, existiert noch.

Ohnmachtsgefühle und Unsicherheiten können verringert werden durch das Gefühl, Macht über andere auszuüben und sie zu beherrschen. Selbst wenn sonst keine Macht mehr vorhanden ist, über Kinder (vor allem über Mädchen) kann sie noch ausgeübt werden. Vor diesem gesellschaftlichen Hintergrund muß der Täter gesehen werden.

Sind Frauen bessere Menschen?

Die Tatsache, daß nahezu ausschließlich Männer Kinder sexuell mißbrauchen, soll nicht zu dem Schluß führen, daß Frauen im allgemeinen zu besseren Menschen erklärt werden, die Kinder immer gut behandeln. Die Art und Weise, wie Frauen Kinder mißbrauchen, ist eine andere, häufig emotionale Form des Mißbrauchs.

So werden Kinder in Abhängigkeit gehalten, sollen gegen Einsamkeit schützen, dienen als Partnerersatz (meist jedoch ausschließlich auf emotionaler Ebene) usw. Tatsache ist, daß viele Kinder von Männern *und* Frauen an der Entwicklung einer eigenständigen Persönlichkeit gehindert werden. Fehlverhalten von Frauen gegenüber Kindern soll nicht verharmlost werden, in diesem Buch wird jedoch ausschließlich der Aspekt des sexuellen Mißbrauchs behandelt, der überwiegend von Männern begangen wird.

Mädchen und Jungen lernen von Vorbildern

Ein wichtiger Bestandteil der Persönlichkeit ist die Geschlechtsrollenzuordnung. Schon ab dem dritten Lebensjahr können Kinder sich selbst als Jungen oder Mädchen bezeichnen. Während ihrer Entwicklung lernen Kinder, wie typische Männer und typische Frauen in unserer Gesellschaft sein sollen, selbst wenn die eigenen Eltern von diesen Vorstellungen abweichen.

Viele Mädchen wachsen heute noch in einer Atmosphäre von Angst und Vorsicht auf. Ihnen wird vermittelt, daß bei Dunkelheit und durch fremde Menschen Gefahr drohe. Sie lernen, daß selbst erwachsene Frauen abends nicht unbegleitet weggehen sollen. Schon sehr früh erleben Mädchen, daß Frauen sich anders verhalten als Männer.

Die folgenden Verhaltensweisen sind wie bei Männern „typische" Verhaltensweisen, die eine einzelne Frau nicht haben muß. Eine ernsthafte, kritische Auseinandersetzung mit den eigenen Verhaltensweisen wird aber auch der einzelnen Frau nicht schaden.

Nach dem Vorbild von Frauen lernen Mädchen, den Blick stärker auf die vermeintlichen Bedürfnisse anderer zu lenken. Das hat zur Folge, daß die eigenen Bedürfnisse unklar wahrgenommen werden. Werden eigene Bedürfnisse erkannt, versuchen viele Frauen, sich meist wenig kämpferisch, dafür subtiler durchzusetzen. Sobald Mißfallen auftaucht, ziehen sie ihren Wunsch zurück und versuchen zu erkennen, was genehm ist. Häufig versuchen sie, Konflikte zu vermeiden, um eine „harmonische" Umgebung zu erhalten. Immer noch wird den Frauen in unserer Gesellschaft die Fähigkeit zugesprochen, für die gute Atmosphäre sorgen zu können, das beinhaltet aber auch, dafür verantwortlich zu sein.

Jungen ärgern Mädchen – Mädchen sind vernünftiger?

Verschiedene Untersuchungen zeigen, daß sich Mädchen *im Durchschnitt* schneller entwickeln als Jungen. Insgesamt werden Mädchen früher dazu angehalten, Verantwortung zu übernehmen und für andere zu sorgen, weil sie wegen ihrer schnelleren Entwicklung „vernünftiger" erscheinen.

Für Jungen ist die schnellere Entwicklung von Mädchen insofern problematisch, da sie nach dem Vorbild der Männer eigentlich die Starken und Überlegeneren gegenüber den Mädchen sein müßten. Ihre Rollenunsicherheit wird auch noch verstärkt durch die Tatsache, daß sie wenig Gelegenheit haben, tagsüber mit Männern zusammenzusein. So sind Jungen ängstlich darauf bedacht, ihre Geschlechtsrolle „richtig" zu übernehmen und sich kämpferisch zu verhalten. Zum Verhaltensrepertoir kleiner Jungen gehört beispielsweise, Mädchen und Frauen mit sexistischen Sprüchen zu ärgern, sich zu raufen, voller Stolz möglichst weit und hoch zu urinieren. Spiele in den Pausen, wie Röcke hochheben und Mädchen anrempeln, können auch als Versuch angesehen werden, ein „richtiger" Mann zu werden.

Literaturhinweis: Schnack, Dieter/Neutzling, Rainer: Kleine Helden in Not. Jungen auf der Suche nach Männlichkeit, Reinbek 1990, Rowohlt.

3. Mißbrauchsdynamik

Was soll man unter sexuellem Mißbrauch verstehen? Dürfen Eltern mit ihren Kindern nicht mehr schmusen?

Wie kommt es dazu, daß Kinder sexuell mißbraucht werden? Wie schaffen es Männer, daß Kinder das „mitmachen" und nichts sagen? In welchen Familien ist „so etwas" möglich? In den folgenden Kapiteln, wird versucht, Antworten zu finden.

Was ist unter sexuellem Mißbrauch zu verstehen?

Diese Frage ist für viele Erwachsene schwer zu beantworten. Sollen Eltern zu ihren Kindern, insbesondere den Töchtern, nicht mehr zärtlich sein, mit ihnen schmusen, sie streicheln oder küssen? Das schon, Körperkontakt ist für Menschen wichtig und für Kinder geradezu lebensnotwendig.

Aber wo ist die Grenze? Wann ist Körperkontakt noch Zärtlichkeit, wann bereits sexueller Mißbrauch?

Wo ist die Grenze?

Die Grenze wird durch die Absicht des Täters eindeutig festgelegt. Sexueller Mißbrauch entsteht *nicht* fließend aus dem liebevollen Körperkontakt mit einem Kind. Es ist in der Regel ein bewußtes Vorgehen. Die Männer und Frauen (genaue Angaben zum Anteil von Frauen als Täterinnen liegen nicht vor, so daß wir nach bisherigem Kenntnisstand von einem Anteil von ca. 10 % Frauen ausgehen). Der Mann (ca. 90 % der Täter sind Männer) plant den Mißbrauch, die Gelegenheiten werden von ihm gesucht und arrangiert. Sexueller Mißbrauch beginnt dort, wo Männer sich bewußt am Körper eines Kindes befriedigen oder sich befriedigen lassen.

Kinder brauchen Zärtlichkeit

Situationen, in denen Kinder mit Erwachsenen Zärtlichkeiten austauschen, wie beim Spielen, Toben, Baden, ins Bett gehen, oder wenn sie ihren eigenen Körper und den von Erwachsenen erforschen wollen, sind kein sexueller Mißbrauch.

So kann es normal sein, daß ein kleines Mädchen morgens beim Kuscheln im Bett Interesse am Penis des Vaters zeigt. Wenn der Vater jedoch bewußt die Neugier ausnutzt, Gelegenheiten sucht und arrangiert, um der Tochter den Penis zu zeigen, und sie sogar nötigt, diesen anzufassen, ist das eindeutig sexueller Mißbrauch.

Hier ist von besonderer Bedeutung, daß Männer und Frauen im Umgang mit Kindern lernen, ihre eigenen körperlichen und erotischen Bedürfnisse und Gefühle gegenüber Kindern zu erkennen und verantwortliche erzieherische Grenzen zu setzen.

Wenn ein kleines Mädchen z. B. beim Baden mit dem Vater aus Neugier den Penis des Vaters anfaßt, kann es durchaus normal sein, daß der Penis des Vaters errigiert. Hier ist es die Aufgabe des Vaters, die Grenze zu benennen und seiner Tochter mitzuteilen, daß er das nicht möchte. Entsprechend kann er seiner Tochter erklären, daß er selber über seinen Penis bestimmen möchte und daß es nicht o. k. ist, wenn kleine Mädchen mit dem Penis von erwachsenen Männern spielen. Dieses Beispiel soll keineswegs als sexualfeindlich mißverstanden werden, sondern aufzeigen, daß die Sexualität zwischen Erwachsenen eine andere ist als zwischen Kindern.

So sind z. B. Doktorspiele zwischen Kindern völlig normal und fördern die körperliche und emotionale Entwicklung von Kindern. Auch Doktorspiele können jedoch dann mißbrauchsähnliche Folgen und Auswirkungen haben, wenn ein entscheidendes Machtgefälle zwischen den Kindern besteht und dieses von dem stärkeren Teil zur Durchsetzung seiner eigenen Interessen ausgenutzt wird. Sexueller Mißbrauch zwischen Kindern bzw. Jugendlichen kommt häufig, vor allem zwischen Jungen vor, und ist bisher kaum thematisiert worden.

Sexueller Mißbrauch beginnt also da, wo Erwachsene oder ältere Kinder und Jugendliche sich bewußt am Körper eines Kindes befriedigen oder sich sexuell befriedigen lassen. Kinder können aufgrund ihres Entwicklungsstandes die sexuellen Handlungen und deren Tragweite nicht verstehen und deshalb auch kein wissentliches Einverständnis geben.

Kinder werden ausgebeutet

Das Zärtlichkeitsbedürfnis des Kindes und die Vertrauensbeziehung zum Täter ermöglichen, sexuelle Übergriffe auf das Kind ohne

Gewalt anzuwenden. Häufig haben Kinder jedoch ein Gespür und eine Ahnung, daß etwas nicht in Ordnung ist, ohne jedoch klar zu wissen, was es ist. Die Täter legen in der Regel ihre Übergriffe so an, daß die Kinder sie möglichst nicht bemerken sollen. Beim Spielen fassen sie den Kindern wie zufällig an die Brust, an den Po oder ins Höschen.

Das Kind kann nicht klar unterscheiden, daß hier etwas mit ihm passiert, was nicht richtig ist. In der Wahrnehmung sind die Übergänge zwischen Spielen, Zärtlichkeiten und sexuellem Mißbrauch für das Kind fließend. Das Kind kann deshalb häufig nicht den sexuellen Übergriff erkennen bzw. empfindet ihn vielleicht am Anfang als „angenehm". In der spielerischen Einbindung fordert z. B. der Täter das Mädchen auf, seinen Penis anzufassen. Nachdem sie das vielleicht aus Interesse getan hat, sagt er ihr, daß er ihre Scheide schön streicheln könne. Das Mädchen empfindet möglicherweise das Streicheln der Scheide zunächst als „schön".

Wenn sie nun nicht mehr gestreichelt werden möchte, wird der Täter ihr vorwerfen, sie habe das doch schön gefunden, mitgemacht und ihn gereizt. Er baut eine Komplizenschaft mit dem Kind auf und gibt dem Kind die Schuldzuweisung für den sexuellen Mißbrauch.

Intuitiv kann ein Kind zwischen angenehmen und unangenehmen Berührungen unterscheiden. Aufgrund des Machtgefälles zwischen Erwachsenen und Kindern hat es fast nie die Möglichkeit, gegen die unangenehmen Berührungen des Täters vorzugehen. Schon allein an Körperkraft ist der Erwachsene dem Kind überlegen, aber oft ist das Kind auch existentiell und emotional vom Täter abhängig.

Selbst die erschreckendste Phantasie wird leider häufig von der Realität übertroffen. Es gibt nichts, das Menschen nicht ausdenken – oder ertragen können. Unfaßbare Dinge müssen Menschen ertragen, insbesondere, wenn sie wehrlos sind wie Kinder. So werden Kinder auf der ganzen Welt zur Befriedigung sexueller Bedürfnisse ausgenutzt, indem z. B.:
- ein Kind gezwungen oder überredet wird, den Täter nackt zu betrachten,
- ein Kind sexuellen Aktivitäten zusehen soll. Das gemeinsame Betrachten von Pornovideos und Pornoheften gehört auch hierzu,
- ein Kind gezwungen oder überredet wird, den Täter an die Geschlechtsteile zu fassen,
- ein Kind aufgefordert wird, vor den Augen des Täters und unter seiner Aufsicht, zu masturbieren

- ein Kind für pornographische Zwecke benutzt wird, d. h., wenn
  ein „Nacktfilm" von ihm zur sexuellen Erregung gemacht und es
  zu sexuell gefärbten Spielen mit anderen Kindern angeregt
  wird,
- der Intimbereich eines Mädchens (Scheide, Po, Brust) oder eines
  Jungen (Po, Penis) berührt wird, wenn an ihnen Manipulationen
  vorgenommen oder wenn sie zu oralem, analem oder vaginalem
  Geschlechtsverkehr überredet, gezwungen oder vergewaltigt
  werden,
- Kinder zu sexuellen Handlungen mit Tieren gezwungen werden.

Schläge auf den nackten Po, die als Strafe deklariert werden,
können auch als sexuelle Übergriffe bewertet werden.

Erwachsene bestimmen über den Körper von Kindern

Kinder (auch Säuglinge) können zwischen angenehmen und unangenehmen Berührungen unterscheiden. Sie wehren sich intuitiv, sie
schreien und strampeln, wenn Dinge mit ihnen geschehen, die sie
nicht mögen. Pflichten wie Waschen, Anziehen, Haarekämmen,
lösen bei kleinen Kindern häufig Unmut aus. Oftmals lassen Eltern
ihren Kindern mit Gewalt die Sauberkeitserziehung angedeihen.
    Noch krasser wird über die Gefühle von Kindern bestimmt, wenn
sie gegen ihren Willen Zärtlichkeiten austauschen sollen. So wird
auf Kinder eingeredet „Gib der Oma einen Kuß, sonst ist die Oma
traurig" oder „umarme den Onkel mal tüchtig für das schöne Ge-
schenk, sonst bringt er Dir nichts mehr mit".
    Der Unterschied, ob ein Kind den Onkel umarmen, der Oma
einen Kuß geben soll oder sexuell mißbraucht wird, ist sicher erheblich. Dennoch, die Strukturen sind ähnlich: Nicht das Kind
entscheidet entsprechend seinen Gefühlen, ob es Zärtlichkeiten
möchte, sondern ein Erwachsener.
    Darüber hinaus wird dem Kind die Verantwortung dafür aufge-
bürdet, daß die Oma traurig würde. Auch die Verknüpfung von
Geschenken als Belohnung für den Austausch von Zärtlichkeiten
sind nicht geeignet, das Selbstbestimmungsrecht von Kindern über
den eigenen Körper zu fördern. Diese Form der Erziehung ermöglicht es den Tätern, über den Körper von Kindern zu bestimmen.

Kinder vertrauen dem Mißbraucher

Die Neugierde kleiner Kinder, die sich auch auf den nackten Körper erstreckt, und ihr Zärtlichkeitsbedürfnis erleichtern dem Täter, Kinder sexuell zu mißbrauchen. Ohne Gewaltanwendung sind ihm sexuelle Übergriffe möglich, weil das Kind anfänglich nicht erkennen kann, daß hier etwas mit ihm passiert, was nicht richtig ist. Auch das Vertrauen, daß Erwachsene das Beste für Kinder wollen, machen das Kind arglos.

Zu Beginn versucht der Täter, Interesse für sich beim Kind zu wecken, indem er dem Kind Zeit widmet und mit ihm spielt. Zunächst sind es harmlose Spiele wie Kasperle-Theater, Kartenspiele usw. Die meisten Eltern sind erfreut, wenn ein Erwachsener aus der Nachbarschaft oder dem Bekanntenkreis sich für ihr Kind interessiert und mit ihm spielt. Auch Mütter sind froh, wenn sich ihr Lebenspartner liebevoll um ihr (gemeinsames) Kind kümmert. Das Kind genießt die Aufmerksamkeit und das Interesse, das es erhält.

Das Mädchen/der Junge fühlt sich oftmals weiterhin angezogen vom Täter, auch wenn der Mißbrauch schon stattgefunden hat, weil der Täter versteht, dem Kind seine „nette" und liebevolle Seite immer wieder vor Augen zu führen. Voll Vertrauen hofft und glaubt das Kind, daß der Mißbrauch nur „ein Versehen" war und nicht mehr vorkommen wird. Ein möglicher Abbruch der Beziehung zum Täter wird dadurch verhindert. Das folgende Textbeispiel schildert die „nette" Seite des Täters, und zwar wird ein Vater beschrieben, wie sich ihn viele Kinder wünschen würden. Der gleiche Vater wird auf den späteren Seiten als Täter beschrieben.

Beispiel:

„... Am schönsten war das Plätzchenbacken mit dem Papa. Da war ich nun am besten drin von allen. Ich war die Verziererin, Herrin über Schockoguß und Zuckerstreusel, Marmelade, Honig und süßweißen Puder. Der Papa zog dem Tisch die Decke aus und warf das Mehl auf die Platte, daß alles staubte. Ich hockte auf dem Stuhl und schlug die Eier auf, plaff, immer mitten rein ins weiße Zeug. Zucker, Margarine, eine Prise Salz, Vanille und Backpulver, und dann walgte und drückte der Papa mit starken Händen alles durch. Lou und Mama gehen raus. Ich krieg ein Geschirrtuch um den Bauch und die Ärmel raufgekrempelt, dann hol ich die Ausstecherle raus und bestimme, wie viele Monde aufgehen sollen und wie viele Sterne, pflanze Tannen und

---

pflück Pilze, mach Hexenhäuser und Hänsels und roll aus Resten Bretzel zurecht. Papa paßt auf die Hitze auf, daß alle Sterne goldig werden. Dann wird garniert. Getunkt, bestäubt, gestippt, gepudert, dabei denken wir uns Feengeschichten aus und Weihnachtsmärchen von Zwergen und Schneefrierern, Nachtglühleins und Ofengespenstern. Der Papa erzählt auch vom Meer, was ich besonders gern höre, auch wenn das nicht zum Christkindlein paßt, man kann trotzdem die Ausstecherle machen. Wie sich die Fische Silvester mit geklautem Rheinwasser zuprosteten, das sie hinter die Kiemen gequetscht haben, und die Haie Heiligabend ihr Gebiß rausnehmen und es den kleinen Schwärmerfischen leihen und wie die ganzen Horizonte der Welt zu singen anfangen am 24. um 6 Uhr abend wie's der Papa gehört hat. Das wird das schönste Märchengebäck, wir backen bis spät in die Nacht an Papas freiem Tag. Bis ich mit roten Wangen und schwachen Armen ins Bett sinke." (aus: Dierks, L., S. 60 f.)

Die anfänglich harmlosen Spiele ändern sich jedoch im Laufe der Zeit, und andere Spiele werden miteingeflochten. So sagt der Täter z. B.: „Komm', ich zeig Dir ein neues Spiel, das ist dann unser Geheimnis", oder „fühl mal meinen Schwanz, du darfst ihn ruhig anfassen, das gefällt mir sehr gut, wenn du es machst", oder „wenn ich bei dir ein bißchen kuscheln darf, dann kaufe ich dir etwas Schönes". Er erklärt dem Kind, daß er es besonders gerne hat und daß er deshalb diese „intime" Beziehung möchte. Er möchte, daß das Kind ihn liebt und akzeptiert.

Manche Männer versuchen, Mitleid beim Kind zu erwecken und klagen, sie seien traurig, niemand habe sie lieb und sie seien ganz alleine auf der Welt. Im allgemeinen reagieren Kinder sehr mitfühlend und versuchen zu helfen.

Häufig verstärkt sich die Beziehung des Mannes zu dem Kind durch vermehrte Aufmerksamkeit, emotionale und körperliche Zuwendung. Auch materielle Belohnung in Form von Geschenken und höherem Taschengeld und vermeintliche Aufwertung der Person, („Du bist jetzt sehr wichtig für mich; ich brauche dich; ich liebe dich..") erschweren eine Distanzierung vom Täter.

Wenn der Vater der Täter ist

Manchmal fördert ein Vater die Vertrauensbeziehung, indem er das Mädchen den anderen Geschwistern vorzieht. Die Geschwister neiden dem Mädchen die Vorzugsstellung als „Papas Liebling". Neid und Eifersucht in der Familie führen zu häufigen Streitigkeiten. Die Mutter ist empört, wenn das Mädchen neue Kleidung und teure Geschenke bekommt, während die anderen Kinder nichts bekommen. Für sie selbst ist häufig auch nicht genug Geld da, um sich neu einzukleiden. Der Vater ergreift einseitig Partei für das Mädchen. Dadurch gerät das Mädchen in eine isolierte Rolle innerhalb der Familie.

Das gestörte Vertrauensverhältnis zwischen Mutter und Tochter begünstigt wiederum die sexuellen Übergriffe des Vaters. Das Mädchen fühlt sich nicht in der Lage, die Mutter um Hilfe zu bitten. Je schlechter das Verhältnis zwischen Mutter und Tochter ist, desto sicherer kann der Täter sein, daß sein Geheimnis bewahrt bleibt. Die meisten Fälle von sexuellem Mißbrauch geschehen ohne Gewaltanwendung (80%).

Es kommt vor, daß Kinder nachts, während sie schlafen, sexuell mißbraucht werden. Der Täter macht sich den tiefen Schlaf von Kindern zunutze. Entsprechend können Kinder im Halbschlaf sexuelle Gefühle erleben, ohne genau zu wissen, was geschehen ist. Sie wissen nicht, ob nachts etwas mit ihnen passiert ist oder nicht. Besonders schwierig ist es, weil tagsüber alles „normal" ist.

Beispiel:

Monika (8 Jahre alt): „Ich spüre im Halbschlaf etwas, es ist schön, ich werde gestreichelt am ganzen Körper. Wohlig liege ich im Bett, während meine Scheide gestreichelt wird. Halb wachend, halb schlafend, glaube ich, meinen Vater auf der Bettkante sitzen zu sehen. Ich schäme mich, es sind aufregende, schöne Gefühle. Aber ich weiß, es wäre nicht richtig...

Am nächsten Tag bin ich mir sehr unsicher über das, was in der Nacht passiert ist. Habe ich das geträumt, oder ist es wirklich passiert? Es kann eigentlich gar nicht sein.

Tagsüber verhält er sich wie ein „guter Familienvater": er gibt der Mutter ein Küßchen, bevor er ins Büro geht, ermahnt uns Kinder, brav zu sein und ordentliche Tischmanieren zu haben. Abends spielen wir gemeinsam Karten, und Papa zeigt uns Kartentricks. Es ist ein lustiger Abend.

Die nächsten Nächte geschieht es wieder, langsam werde ich aus dem tiefen Schlaf wach. Doch, ich habe nicht geträumt, es ist wirklich mein Vater. Wie kann das sein? Warum macht er das mit mir? Was habe ich getan, daß er das mit mir tut? Wie kann ich verhindern, daß er es wieder macht? Der Mutter kann ich nichts erzählen, es würde sie sehr unglücklich machen. Wo sie doch schon so viele Sorgen hat. Am besten frage ich die kleine Schwester, ob sie sich in mein Bett mit mir legen will, dann kommt er nicht an mich 'ran. Ich rücke ganz an die Wand, gehe in den Bettbezug und knöpfe ihn zu. Vor dem Bett lasse ich am besten noch Sachen liegen, damit er im Dunkeln stolpert. Hoffentlich wird die Mutter vom Lärm wach." (aus einem Gesprächsprotokoll)

Selbst wenn der Mißbrauch als solcher vom Kind bewußt erlebt wird, versuchen Kinder, Erklärungen und Entschuldigungen für das Verhalten des Täters zu finden. Häufig suchen die Kinder bei sich die Schuld, warum der gleiche Mann, der nett zu ihnen ist, mit ihnen schöne Spiele spielt, Plätzchen backt usw., sich plötzlich anders verhält und sie veranlaßt, Dinge zu tun, die sie nicht möchten.

Beispiel:

„... Er zog mich am Nachmittag, als er frei hatte und Lou mit Mama in der Stadt war, am Arm in die Küche rein und machte die Vorhänge zu, da wußte ich schon, was kommt. Das war das Signal, der Auftakt, bei mir ging der Vorhang nicht auf, sondern zu. Ich saß im Zwielicht vor ihm auf dem Stuhl und dachte, das müsse doch draußen einer sehen, da muß sich doch irgendein Mensch sorgen, wenn der Vorhang einer Küche tagsüber zugeht und nach einer halben Stunde wieder aufgeht, da muß doch einer kommen und klingeln, mich befreien mit einem Ton, ein, zweimal, meinetwegen auch dreimal, das wäre zwar gefährlich – so zitterte ich vor meinem Vater rum, und der erzählte mir derweil mit seinem Gummigesicht, das er wieder hatte, daß ich mittlerweile ins Gefängnis kommen würde, mit dem, was ich da mit ihm mache, und er dann leider fortlaufen müsse, und daß sie die Kinder wirklich hinter Gitter sperren, und ich stellte mir vor, wie meine Arme durch Eisenstäbe fuchteln. Aber die Gefahr sei nicht so groß, sagte er, wenn ich den Mund halten würde und ihm zeigen, wie lieb ich ihn hab, und er zeigte mir dafür die schönsten Dinge, ich solle nur fein artig mein Höschen ausziehen und ihm meine Muschi zeigen. Ich lernte von meinem Vater, was ein Kitzler ist und wie man mit dem Finger daran spielt, und er freute sich so sehr, wenn ich das tat, vor ihm, wie er es wollte, daß er ganz verzückt war und mich seinen liebsten Schatz nannte. Wenn ich damit fertig war und wirklich kitzlige Gefühle in den Beinen hatte und im Bauch, dann mußte ich auf seinen Schoß und Spuckeküsse tauschen. Papa gab mir seine Spucke in den Mund und ich ihm meine, und das wurde immer mehr, bis ich würgte und weinte und er genug davon hatte, aber, aber sagte. Dann zog er mir das Kleidchen wieder an, machte die Vorhänge auf und straffte sein Gesicht in eine glatte Form rein. Ich wußte nicht, warum das so war. Warum sich mein Vater zuweilen auflöste und meinen Mund voller Spucke laufen ließ, warum es nicht klingelte und warum die Polizei schon auf mich lauerte..." (aus: Dierks, L., S. 54f).

„Unser kleines Geheimnis"

Dem Kind wird das Versprechen abgenommen, „vom gemeinsamen Geheimnis" nichts zu erzählen. Das Versprechen der Geheimhaltung löst beim Kind ein Gefühl von Komplizenschaft und Mitverantwortung aus.

Das Kind hat keine Möglichkeit, über den sexuellen Mißbrauch zu sprechen. Zum einen ist es „unser kleines Geheimnis", das die exklusive Beziehung kennzeichnen soll, und zum anderen die Angst vor Strafe, die das Mädchen zum Schweigen verurteilt. Kleinen Mädchen fehlt auch oft die Sprache, um präzise ausdrücken zu können, was mit ihnen passiert. Die größeren Mädchen schämen sich, daß es möglich ist, was mit ihnen gemacht wird. Weil sie glauben, die einzigen auf der Welt zu sein, denen das passiert, befürchten sie, daß niemand ihnen glaubt. Ihr Schweigen zu Beginn der Übergriffe erschwert den Mädchen, später davon zu berichten. Sie spüren auch, daß sie den „Familienzusammenhalt" gefährden, wenn es bekannt würde.

Das Gefühl, die Familie zu verraten und die Verpflichtung zur Geheimhaltung, erschwert es den Kindern, außerhalb der Familie deutlich um Hilfe zu bitten. Oftmals werden nur Hinweise und Andeutungen gegeben, in der Hoffnung, daß Hilfe von außen kommt. Selbst wenn Kinder konkret über den Mißbrauch sprechen und um Hilfe bitten, können sie sich nicht auf Unterstützung und Hilfe von Erwachsenen verlassen. Die meisten Erwachsenen fühlen sich überfordert, wenn sie von sexuellen Übergriffen oder sexuellem Mißbrauch hören. Die häufigste Reaktion ist, daß dem Kind nicht geglaubt und daß der Mißbrauch aus der Realität ausgeblendet wird.

Beispiel:

„... Wir gingen zum Herrn Pastor. Das hatten wir lange beredet, du und ich. Wir gingen zu unserem Pastor, der neben dem Kindergarten wohnte und manchmal aus dem Fenster lächelte, der Lou die Gebote lehrte, damit sie zum zweiten Mal vor Gott bestehen durfte, wir gingen hin.
Wir erzählten ihm die Wahrheit, mitten rein in sein blasses Gesicht. Alles von den Nächten, vom Keller, von dem Tuch, von der Angst, daß wir Hilfe brauchen.
Wir fragten ihn, ob er uns hilft.
Er sah sich schnell um, ob uns auch keiner gehört hatte in seinem Büro, rannte heraus, kam mit zwei Orangen zurück, die drückte er uns fest in die Hand. Dann schob er uns raus und sagte nichts mehr.
Zu Haus waren die Pausen kurz. Die bunten Eier lagen wegen schlechtem Wetter hinterm Sofakissen. Lou lernte weiterhin beim Pastor, was es heißt, ein Christ zu sein. Ich lernte mit, heilig, heilig." (aus: L. Dierks)

Kinder sind zum Schweigen über den sexuellen Mißbrauch verurteilt

Kinder, die sexuell mißbraucht werden, fühlen sich schlecht und wertlos. Sie schämen sich dafür, daß ihnen das passiert ist. Sie haben keine Erklärung für das Verhalten des Täters und suchen die Schuld bei sich. Erschwerend kommt für die Kinder hinzu, daß sexueller Mißbrauch meistens ohne Sprache und Blickkontakt zwischen Täter und Opfer stattfindet. Das hat zur Folge, daß die Kinder extrem verunsichert sind und das Gefühl haben, den Kontakt zur Realität zu verlieren. Der sexuelle Mißbrauch wird daher häufig abgespalten.

Untrennbar verbunden mit dem Erleben des sexuellen Mißbrauchs ist das Schweigegebot des Täters („Das ist unser Geheimnis, du darfst es keinem weitererzählen"). Alle Täter befehlen den Kindern zu schweigen, häufig verbunden mit Drohungen, daß ihnen, dem Kind oder, wenn der Mißbrauch innerhalb der Familie stattgefunden hat, der Mutter ansonsten etwas Schreckliches passieren wird („die Familie wird getrennt; ich komme ins Gefängnis; die Mutter wird sehr krank; du und die Geschwister kommen ins Heim"). Das betroffene Kind leidet und fühlt sich verpflichtet, die Verantwortung für den Täter und sogar für das Wohlergehen der gesamten Familie zu übernehmen.

Auch haben Kinder ein Gespür für die Probleme der eigenen Familie. Häufig wissen sie intuitiv, daß sie mit manchen Dingen die Familie nicht belasten dürfen.

Besonders, wenn sie innerhalb der Familie mißbraucht worden sind, wissen Kinder nicht, ob sie mit der Solidarität der anderen Familienmitglieder rechnen können, oder ob die Familie zum Täter hält. Oft genug hatten Kinder die eigene Familiensituation richtig eingeschätzt und konnten nicht mit Unterstützung rechnen.

Und bist Du nicht willig, so brauch ich Gewalt

Versucht das Kind, wenn es älter wird, der Dynamik des sexuellen Mißbrauchs zu entkommen und sich dem Täter gegenüber abzugrenzen, geschieht der Mißbrauch zunehmends mittels Einschüchterung, Zwang und Gewalt.

Oft werden Drohungen und physische Gewalt eingesetzt. Diese Situationen sind mit Vergewaltigung vergleichbar, z. B. „entweder machst du, was ich will oder ich verprügle dich oder werfe dich hinaus". Drohungen werden auch ausgesprochen, um ein Kind zum Schweigen zu veranlassen, „Dir wird keiner glauben, Du mußt dann ins Heim (was ja häufig tatsächlich der Fall ist) oder willst du mich ins Gefängnis bringen, die Mutter unglücklich machen, die Familie auseinanderreißen?"

Nicht immer ist das Vorgehen des Täters zu Beginn des Mißbrauchs durch geschicktes „spielerisches Vorgehen" gekennzeichnet. Betroffene Mädchen und Jungen berichten, schon zu Beginn der Mißbrauchshandlungen von Vergewaltigungen.

Andere Opfer haben gerade deshalb besondere Schuldgefühle, da sie den Mißbrauch durch den Täter als einzige „liebevolle" Beziehung erfahren haben. Daher ist es wichtig, das mißbrauchte Kind in seiner Individualität, seinem Widerstandspotential und seiner Geschichte wahrzunehmen und zu akzeptieren.

Kinder leisten Widerstand

Wenn der sexuelle Mißbrauch zu Hause geschieht, ist es für das Kind nicht möglich, dem Täter zu entkommen. Kinder versuchen, sich zu wehren, indem sie sich, z. B. nachts vollständig bekleidet ins Bett legen oder sich in den Bettbezug einwickeln, so daß der Täter den Körper nicht berühren kann. Manche Kinder legen Stolpergegenstände in ihrem Schlafzimmer aus, nehmen Geschwister nachts mit ins Bett. Andere stellen sich schlafend, machen sich steif und versuchen, ihre Gefühle vom Körper abzuspalten. So berichten Frauen, daß sie dachten, der Körper gehört nicht zu ihnen, mit ihm kann geschehen was will, es ist nicht ihr Körper.

Jede Verhaltensauffälligkeit und auch jede körperliche Auffälligkeit (wie z. B. aggressives Verhalten anderen gegenüber, dick werden, dünn werden, Hautauschläge, s. auch Kap. 7 „Mögliche Hinweise auf sexuellen Mißbrauch im Schulalltag") sollte als Überlebensstrategie gedeutet werden, die ein Kind anwendet, entweder um auf sich aufmerksam zu machen, sich vom Erleben des sexuellen Mißbrauchs zu entfernen, oder um Anlaß zu geben, ihn zu beenden.

4. Familienmerkmale

Die Familie gibt vor, Hort der Geborgenheit zu sein. Sexueller Mißbrauch und andere Gewalt gegen Kinder tritt aber am häufigsten innerhalb der Familie auf. Familientherapeuten gingen der Frage nach, ob es *bestimmte Merkmale* in den Familien gibt, in denen sexueller Mißbrauch auftritt? Welche Art Familie ist das? Welche Strukturen hat sie?

Familientherapeuten haben festgestellt, daß sexueller Mißbrauch
– in krisenhaften Situationen der Familie stattfindet, manche Familien sind chronisch krisenhaft,
– Ausdruck von gravierenden Eheproblemen ist, die nicht bearbeitet werden,
– auch ein gestörtes emotionales Verhältnis von Mutter und Tochter zur Folge hat,
– eine punktuelle Verwischung der Generationsgrenze bedeutet. Das Kind wird in eine Elternrolle gedrängt, indem die Eltern eigene Bedürfnisse an das Kind richten, die es überfordern. Das Kind soll sich für das Wohl des Erwachsenen verantwortlich fühlen und Aufgaben an Stelle des Erwachsenen übernehmen. Oft haben Kinder Elternaufgaben, und Eltern wollen wie Kinder geschont werden. Die vermeintliche Aufwertung als kleiner Erwachsener zahlt das Kind, indem es nicht mehr Kind sein darf. Das Kind gerät in ein Dilemma, indem es zur gleichen Zeit Allmachtsphantasien und Ohnmachtsgefühle hat. (Zum Beispiel: für jüngere Geschwister verantwortlich sein, für die gute Laune des Vaters sorgen usw.)

Nach außen können die Familien intakt erscheinen. Das Leben läuft in geregelten Bahnen, auffällig ist höchstens das scheinbar besonders harmonische Familienleben. Eine Familie mit autoritärer Familienstruktur, in der ein starkes Machtgefälle herrscht, gibt keinen Grund zum Nachdenken oder gar Anlaß zur Sorge.

Kinder lernen sehr früh, unausgesprochene Familienregeln ein-zuhalten. Über bestimmte Dinge wird nicht gesprochen, Probleme und Schwierigkeiten der einzelnen Familienmitglieder sind kein Thema. Gefühle werden nicht benannt. Es herrscht emotionale Sprachlosigkeit.

Eine Überlegung bleibt: Haben nicht viele Familien ähnliche Struk-turen? In wie vielen Familien werden Probleme und Gefühle be-sprochen?

Ungeklärt ist auch, warum nicht Mädchen, die sexuell miß-braucht worden sind, später als Frauen Kinder wiederum sexuell mißbrauchen. Dagegen werden viele Jungen, die sexuell miß-braucht worden sind, später als Männer zu Tätern. Nicht alle Jungen jedoch, die sexuell mißbraucht wurden, werden später zwangsläufig selber zu Tätern, manchen gelingt es, sich sensibel in andere Menschen einzufühlen. Die Variation späterer Entwick-lungsverläufe ist vielfältig und nicht allein von der Familie abhän-gig.

Familie – ein Beziehungssystem im gesellschaftlichen Kontext

Man kann davon ausgehen, daß eine einzelne Person nie isoliert und unabhängig von ihrem komplexen Beziehungssystem (unmittelba-res Umfeld und gesellschaftliche Vorgaben) reagiert. Die Reaktio-nen und Verhaltensweisen hängen von mindestens drei Ebenen des Einflusses ab:
– die persönlichen Ansichten, Ziele, Wertvorstellungen und Idea-le, die man im Laufe seines Lebens erworben hat, sei es, daß sie bewußt oder unbewußt sind;
– das unmittelbare Umfeld (Familie, Nachbarn, Arbeitsplatz, usw.) mit seinen Möglichkeiten, Normen und Wertvorstellun-gen;
– die vorgegebenen gesellschaftlichen Ideale und Wertvorstellun-gen, zu denen man eine persönliche Einstellung erworben hat.

Die Familienstruktur allein kann also nicht als Erklärung für sexu-ellen Mißbrauch dienen. So ist festgestellt worden, daß Kinder, die von Erwachsenen außerhalb der Familie mißbraucht werden, in ähnlichen Familien aufwachsen, wie sie oben beschrieben wurden. Es scheint nicht angebracht, sexuellen Mißbrauch als individuelles

Phänomen einer gestörten Familie zu beschreiben, die in einer momentanen Krise steckt. Stattdessen ist es sinnvoll, gesellschaftliche Hintergründe und Ursachen daraufhin zu untersuchen, ob sie brauchbarere und schlüssigere Erklärungen bieten. (Siehe Kapitel 2 „Sexueller Mißbrauch und Gesellschaftsstruktur", S. 16).

5. Reaktion der Umwelt auf sexuellen Mißbrauch

Bisher ist es wahrscheinlich selten vorgekommen, daß Sie von einem Kind wissen, daß es sexuell mißbraucht wird. Kinder geben oft nur Andeutungen und Hinweise in der Hoffnung, daß man sie versteht und ihnen geholfen wird. Selbst wenn die Hinweise eindeutig sind und der sexuelle Mißbrauch nicht zu überhören ist, fühlen sich die meisten Erwachsenen (verständlicherweise) überfordert durch ihre Ahnung oder ihr Wissen. Die Realität wird häufig ausgeblendet, der Mißbrauch bagatellisiert, dem Kind eine Mitverantwortung zugeschoben oder ihm auch nicht geglaubt. Ob das Kind überhaupt vom sexuellen Mißbrauch erzählt, hängt vom Vertrauen ab, welches das Kind in bestimmte Erwachsene setzt. Aber auch die Vorstellung, daß die Vertrauensperson mächtig genug ist, ihm zu helfen, spielt eine Rolle, ob das Kind sich anvertraut. (s. auch Kap. 3 „Unser kleines Geheimnis...", S. 29)

Reaktionen der Familie

Wie eine Familie (aber auch die Umwelt) damit umgeht, wenn der Verdacht besteht, daß ihr Kind sexuell mißbraucht worden ist, hängt von vielen unterschiedlichen Faktoren ab.

Hat das Kind genügend Vertrauen, und beherrscht es eine Sprache, um über den sexuellen Mißbrauch eindeutig zu sprechen? Will die Familie (Umgebung) verstehen, wovon das Kind spricht? Glaubt die Familie (Umgebung) dem Kind, das den sexuellen Mißbrauch erlitten hat? Entscheidend, inwieweit ein Kind unterstützt wird, ist auch die Nähe zum Täter. Ist der Täter eine Autoritätsperson für die Familie (Umgebung), von der sie u. U. finanziell abhängig ist? Kommt er aus der Nachbarschaft? Kennt die Familie ihn gar nicht, kaum, oder gehört er der Verwandtschaft an? Diese unterschiedlichen Bedingungen sind entscheidend für den Umgang der Familie mit dem Kind und dem Täter.

Der Täter ist unbekannt

Zehnjährige wurde sexuell belästigt

sk Bonn. Gegen 14 Uhr fuhr die kleine Nicole (10) am Montagnachmittag mit ihrem Fahrrad in Beuel-Vilich in Richtung Geislar. Auf der Hammstraße wurde das kleine Mädchen von einem etwa 35 bis 40 Jahre alten Mann nach dem Weg gefragt. Plötzlich riß er das Mädchen vom Rad, hielt ihr den Mund zu und zerrte sie über ein Feld bis an die Böschung der Autobahn. Hier zwang er die Zehnjährige, sich auszuziehen.

Nach einem Wortwechsel nahm er plötzlich den Fahrradschlüssel und die Geldbörse des Mädchens und flüchtete über die Schienen der Bundesbahn in Richtung Geislar. Nicole lief zu ihrem Fahrrad zurück und verständigte ihre Eltern.

Am Tatort wurden zwei 80 Zentimeter lange weiße Schnürsenkel mit roten, verwaschenen Einfärbungen gefunden. Der Mann war etwa 1,70 bis 1,75 Meter groß, hatte hellblonde, glatte, kurze Haare. Er trug eine hellblaue Sommerjacke mit Streifen am Bund sowie ein Sweatshirt mit einer Aufschrift und einer Abbildung. Die Geldbörse des Mädchens hat ein gelbes und rotes Dreieck auf der Vorderseite. Zeugen melden sich bei der Polizei unter der Rufnummer 15 21 91.

aus: Bonner Rundschau vom 3. Juni 1987

Am ehesten kann ein Kind Unterstützung von seiner Familie (und der Umgebung) erhoffen, wenn der Täter der Familie nicht bekannt ist. Wenn sich die Familie zur Anzeige entschließt, wird sie voller Empörung, Abscheu und Entsetzen zur Tat schreiten und den Täter zur Rechenschaft ziehen. Das Kind ist Opfer eines abartigen Triebtäters und Kinderschänders geworden und bedarf ohne wenn und aber Hilfe und Unterstützung.

Der Täter ist fern

Ex-Ministerialdirektor mißbrauchte Fünfjährige

Neun Monate Haft mit Bewährung – 15 000 Mark Geldbuße an Kinderschutzbund

Ein pensionierter Ministerialdirektor wurde wegen sexuellen Mißbrauchs eines kleinen Mädchens zu neun Monaten Haft mit Bewährung verurteilt.

Dem promovierten Juristen auf der Anklagebank vor dem Bonner Jugendschöffengericht ist ein solcher Prozeß durchaus vertraut: In seinem Berufsleben war er als Richter auch mit Jugendschutzsachen befaßt. Die Tat, die ihm vorgeworfen wurde, bestritt er mit allem Nachdruck bis zum Schluß.

Aber das Gericht hatte nach ausführlicher Beweiserhebung keinen Zweifel an der Glaubwürdigkeit der kleinen Zeugin. Nadine war fünf Jahre alt, als sie dem Angeklagten im vergangenen Sommer begegnete. Ihre Mutter war mit ihr, ihrem kleinen Bruder und

einer Nachbarin nach einem Schwimmbadbesuch in einem Bonner Lokal eingekehrt. Die beiden Frauen saßen mit der Terrasse, die Kinder spielten, unter anderem auch mit dem 69jährigen Angeklagten, den die Frauen vom Sehen kannten. Er spielte mit den Kindern Fangen.

Die Frauen glaubten die Kinder in völliger Sicherheit, aber als sie auf der Heimfahrt im Auto saßen, erklärte die kleine Nadine plötzlich, der Mann habe sie angefaßt. Die Frauen trauten zuerst ihren Ohren nicht, Nadine wiederholte den unglaublichen Satz und sagte, sie habe dem Mann ihr Ehrenwort geben müssen, nicht darüber zu sprechen. Die Frauen schalteten sofort die Polizei ein.

Bei der Polizei und bei einer Glaubwürdigkeitsgutachterin schilderte die kleine Nadine

schließlich detailliert, was der 69jährige vor der Toilette mit ihr gemacht hatte. Im Prozeß nun bekam das Kind angesichts der vielen Menschen plötzlich Angst: Es sagte nichts mehr.

Das aber nützte dem Angeklagten nichts. Die Gutachterin, die vom Gericht als Zeugin und Sachverständige vernommen worden war, hatte dem Kind absolute Glaubwürdigkeit bescheinigt. Unter Berufung auf ihr Gutachten stellte Richter Wolf-Dieter Paul im Urteil fest: „Die von dem Kind geschilderten Einzelheiten übersteigen die sexuelle Vorstellung eines Kindes in diesem Alter bei weitem." Als besonders verwerflich sah das Gericht es an, daß der 69jährige die Zutraulichkeit des Kindes so mißbraucht hatte. Der Angeklagte muß zusätzlich 15 000 Mark Buße an den Kinderschutzbund zahlen. (rik)

aus: General-Anzeiger, Bonn vom 29. August 1990

Aber schon weniger Unterstützung von seiner Familie kann ein Kind erhoffen, wenn der Täter mit der Familie bekannt ist (wie z. B. Busfahrer vom Schulbus, Stadtrat, Hausmeister an Schulen, Polizist usw.). Die Möglichkeit besteht aber, daß alle Familienmitglieder sich mit dem Kind solidarisieren und die Familie als Ganze mit Empörung reagieren kann.

Aber, ob die Familie eine Strafanzeige erwägt, hängt wiederum davon ab, welche Konsequenzen die Familie aus der Bestrafung fürchtet oder sich erhofft. Folgende Überlegungen können eine Rolle spielen, daß der Mißbrauch nicht an die Öffentlichkeit kommt: „Das ist ein angesehener Mann, wir kriegen nur Schwierigkeiten, gegen den kommt man sowieso nicht an; was sagen die Nachbarn, wenn das bekannt wird; nutzt es dem Kind, wenn der Täter bestraft wird. Das Kind hat schon genug mitgemacht, wollen wir es lieber schnell vergessen."

Schwierig wird es immer, wenn die Familie erlebt, daß aus der Empörung und Parteinahme für das Kind konkrete Konsequenzen erwachsen müssen.

Der Täter ist nah

> ## Lehrer mißbrauchte Kind
>
> **Köln.** (lnw) Zu einer Haftstrafe von drei Jahren verurteilte gestern das Kölner Amtsgericht einen 50jährigen Oberstudienrat aus Köln wegen sexuellen Mißbrauchs eines Kindes. Der Pädagoge hatte durch seinen Verteidiger einräumen lassen, in den Jahren 1983 und 1984 insgesamt fast zwölf Monate lang intime Kontakte mit einer damals 13jährigen Schülerin gehabt zu haben. Das Gericht wertete als strafverschärfend, daß der Pädagoge im Gerichtssaal kein einziges Wort des Bedauerns für seine Tat gefunden habe.

aus: General-Anzeiger, Bonn vom 17. Januar 1991

Noch schwieriger wird es, wenn die Familie in irgendeiner Form abhängig ist vom Täter (z. B. Vermieter, Lehrer, Pastor, Vorgesetzter des Vaters oder der Mutter, Erbonkel). Kann sie dem Druck standhalten und für das Kind offen Partei ergreifen, oder wird das Kind geopfert aus Angst vor den Konsequenzen, die die Familie zu tragen hätte?

Der Täter gehört zu uns

aus: General-Anzeiger, Bonn vom 14. November 1990

Der schwierigste Fall tritt ein, wenn der Täter aus dem engsten Familienkreis stammt (z. B. Vater, Stiefvater, Bruder, Cousin, Onkel). Die Familie wird in einen inneren Konflikt gestürzt. Konfrontation mit dem Täter ist erforderlich. Familienstreitigkeiten stehen bevor. Soll die Familie zum Kind halten und den Täter so behandeln, wie es gesetzlich vorgeschrieben ist, und zwar derart, daß er bestraft wird? Oder soll sie zum Täter halten, der ja auch Mitglied der Familie ist und von dem die Familie vielleicht (materiell) abhängig ist. Deutlich wird, daß sich die beiden Verhaltensweisen ausschließen und eine Entscheidung schwierig ist.

Eine Möglichkeit für die Familie ist, daß sie den sexuellen Mißbrauch als nicht geschehen ansieht und darüber hinweggeht, weil die Konsequenzen der Familienmitglieder als zu schwerwiegend erscheinen.

Betroffen durch den sexuellen Mißbrauch sind letztendlich alle Familienmitglieder, da sie einer Familie angehören, in der Dinge passiert sind, über die öffentlich nicht gesprochen werden darf. Der Täter schämt sich in den seltensten Fällen für seine Handlung. Bei allen anderen Familienmitgliedern jedoch bleibt ein Gefühl von Scham zurück. Sie waren an der Tat zwar nicht beteiligt, sie gehören aber zur Familie. Sie schämen sich, von so einem Vater abzustammen oder sich so einen Mann ausgesucht und geliebt zu haben. Schafft es eine Familie nicht, den sexuellen Mißbrauch zu besprechen, müssen die einzelnen Familienmitglieder ihr Leben lang dieses „Familiengeheimnis" wie einen Fluch mit sich tragen. Immer werden die Familienmitglieder sich als Außenseiter empfinden, weil sie aus einer Familie stammen, in der Dinge passiert sind, die aus gesellschaftlicher Sicht so schamvoll sind, daß sie verborgen werden müssen.

Welche Mutter läßt so etwas zu?

Wo liegt die Schuld der Mutter? Diese Frage taucht immer als erste auf, wenn es um sexuellen Mißbrauch von Kindern geht, insbesondere dann, wenn der Mißbraucher der Ehemann/Freund der Mutter ist. Warum und inwieweit läßt eine Mutter das zu? Wie konnte sie den Mißbrauch übersehen? Warum hat das Kind nicht genügend Vertrauen gehabt, sich ihr mitzuteilen. Hat sie den Mißbrauch sogar unterstützt? Hat sie den Mißbrauch sogar gewollt, damit sie nicht mehr sexuell zur Verfügung stehen muß?

Hier stimmt etwas nicht

Im Nachhinein berichten viele Mütter, daß sie Ahnungen hatten oder gespürt haben, daß „etwas" nicht in Ordnung ist. Unglaubliche, unfaßbare, entsetzliche Dinge will niemand wahrhaben. Es ist ein allgemeines menschliches Phänomen, daß Wahrnehmungen umgedeutet oder abgewehrt werden, vor allen Dingen dann, wenn man nicht mit ihnen umgehen kann.

Wenn der Mißbrauch wahrgenommen würde, müßte die Mutter den Mann oder sogar ihren Mann damit konfrontieren, sie müßte Konsequenzen daraus ziehen.

Ohnmacht

Vielleicht fühlt sich die Mutter ohnmächtig dem Mißbraucher gegenüber, insbesondere dann, wenn es ein Mitglied ihrer Familie ist (z. B. der eigene Mann, Vater, Bruder, Sohn, Erbonkel)? Vielleicht will sie die Familie zusammenhalten, vielleicht will sie den Traum einer heilen Familie nicht aufgeben? Vielleicht kann sie sich nicht vorstellen, von ihrem Mann mit einem Kind betrogen worden zu sein? Oder sie traut sich nicht zu, ihr Leben ohne einen Mann gestalten zu können? Möglich ist auch, daß sie als Kind und selbst noch in der Gegenwart sexuelle Übergriffe erleben mußte.

Ohnmachtsgefühle, Gefühle von Überforderung und Unfaßbarkeit der Tat verhindern, daß der Mißbrauch wahrgenommen und angesprochen wird. Wenn der Mißbrauch länger andauert und das Kind deutliche Zeichen gibt, muß man davon ausgehen, daß die Mutter emotional und/oder materiell vom Täter abhängig ist.

Bei aller Verantwortung, die *Eltern* für ihre Kinder übernehmen sollten, wird es problematisch, wenn der Mutter jede Verhaltensweise im Nachhinein so ausgelegt wird, daß sie zum sexuellen Mißbrauch bewußt oder unbewußt, aktiv oder passiv beigetragen hat, egal, was sie ist oder nicht ist, was sie tut oder unterläßt. „Sie darf nicht sterben, sie darf keine psychischen Probleme haben, nicht krank und auch nicht schwanger werden; sie darf das Haus nicht verlassen, schon gar nicht zu ihrem eigenen Vergnügen, sie hat andererseits die Familie vor sozialer Isolierung zu bewahren; sie darf nicht unterwürfig sein, aber auch nicht dominierend, nicht frigide, aber auch nicht allzu leidenschaftlich, nicht prüde, aber auch nicht promiskuitiv, und so weiter, und so weiter...“[2]

Wer trägt die Verantwortung?

Immer wieder taucht der Vorwurf auf, die Mutter habe ihr Kind nicht genügend geschützt vor einem sexuellen Mißbrauch. Ihr wird zur Last gelegt, daß sie den Mißbrauch hätte verhindern oder zumindest früher bemerken sollen. Selbst, wenn der Mißbraucher nicht ihr Mann/Freund ist, fragt niemand, warum hat der Vater des Kindes nichts bemerkt, warum hat er sein Kind nicht genügend geschützt.

An dieser Stelle muß noch einmal deutlich gemacht werden, daß nicht die Mutter (oder der Vater) den sexuellen Mißbrauch zu verantworten hat, sondern der Täter, und nur der Täter, ist verantwortlich für seine Handlungen.

---

2 Rijnaarts, J.: Lots Töchter. Über den Vater-Tochter-Inzest. Düsseldorf 1988

6. Folgen des sexuellen Mißbrauchs

Wie die Folgen für die betroffenen Jungen und Mädchen langfristig aussehen, hängt von verschiedenen Faktoren ab. Nicht alle Kinder, die sexuell mißbraucht wurden, entwickeln in ihrem späteren Leben auffällige Symptome.

Von schwerwiegender Bedeutung ist für das Kind die Intensität der Beziehung zum mißbrauchenden Erwachsenen, dann aber auch die Art und Weise des Mißbrauchs, der Dauer und der Umstände, in denen das Kind lebt. Gab es Bezugspersonen, zu denen das Kind Vertrauen haben konnte, z. B. Verwandte, Lehrerinnen, Geschwister? Gab es Möglichkeiten, in anderen Lebensbereichen Erfolg zu haben, wie z. B. Schulleistungen? Fest steht: der sexuelle Mißbrauch ist ein traumatisches und damit lebensbestimmendes Ereignis.

Jedes Kind entwickelt entsprechend seiner Persönlichkeit und der Mißbrauchssituation individuelle Reaktionen und Symptome (vielfältige Verhaltensauffälligkeiten wie aggressives oder sexualisiertes Verhalten, psychosomatische Symptome usw., ausführlicher s. Kap. 6).

Mädchen, die sexuell mißbraucht werden, fühlen sich schlecht und wertlos. Ihre Chance, Selbstbewußtsein zu entwickeln, ist sehr gering, solange die Mißbrauchssituation anhält.

Die Gefahr, daß sich das Mädchen als Erwachsene auf ähnliche ihr bekannte Lebenssituationen einrichtet, ist immer gegeben. Es können Situationen der Ausbeutung, des Mißbrauchs und der Mißhandlung in engen Beziehungen sein. Bei allen Menschen besteht die Tendenz, bekannte Situationen aufzusuchen und nach dem Motto zu leben: „Lieber das bekannte Unglück als das unbekannte Glück".

Auch besteht die Möglichkeit, sich mit dem Täter zu identifizieren und als Erwachsener selbst zum Täter zu werden, der Schwächere ausbeutet, mißbraucht und mißhandelt.

Zum Problem, erneut Opfer oder ein neuer Täter zu werden,

kommen weitere Auswirkungen, die auf das Leben starken Einfluß haben. Anhand einer Einteilung von Finkelhor (1984) kann unterschieden werden, wie sich der Mißbrauch auf die psychische Entwicklung und das Verhalten im späteren Erwachsenenleben auswirkt.

Traumatische Sexualisierung

Das Erleben von sexuellem Mißbrauch kann zu Bindungsunfähigkeit führen. Liebe und Sexualität werden verwechselt, weil gelernt wurde, daß sexuelles Verhalten belohnt wird. Somit wird Sexualität als Mittel eingesetzt, um Zärtlichkeit und liebevolle Zuwendung zu bekommen. Prostitution und aggressives sexuelles Verhalten, aber auch das Vermeiden von intimen Beziehungen, können vorkommen.

Ein weiteres Problem ist der zärtliche Umgang mit den eigenen Kindern. Frauen berichten, daß sie Angst haben, ihre Zärtlichkeit könnte sexuell gefärbt sein, ein gehemmter Umgang mit den eigenen Kindern ist die Folge. Kinder, die nicht genügend Zärtlichkeit erhalten, sind gefährdet, wiederum Opfer von Mißbrauch zu werden.

Stigmatisierung

Kinder, die sexuell mißbraucht werden, fühlen sich häufig stigmatisiert, indem sie glauben, an ihnen sei etwas, das zum sexuellen Mißbrauch führt. Schuldgefühle, ein extrem niedriges Selbstwertgefühl und Selbstbestrafungstendenzen sind die Folge. Auch glauben sie, die einzigen zu sein, die in sexuelle Handlungen mit Erwachsenen verwickelt werden. Dieses Gefühl, sich von anderen Menschen zu unterscheiden, spiegelt sich auch in folgenden „besonderen" Problemen wider:
- Suchtprobleme mit Alkohol und Drogen
- Magersucht oder Fettleibigkeit
- Identitätsstörungen, die als Borderline bezeichnet werden können und die Gefahr, an Schizophrenie zu erkranken.

Verrat

Das Gefühl, ausgenutzt, betrogen und verraten zu werden, gekoppelt mit dem Gefühl, von der Mutter nicht genügend geschützt worden zu sein, führt manchmal dazu, daß ein tiefes Mißtrauen gegenüber allen Menschen besteht. Der Aufbau tragfähiger Freundschaften wird somit erschwert. Partnerprobleme tauchen verstärkt auf, und Bindungsängste bis hin zu extremer Feindseligkeit gegenüber Männern können die Folge sein.

Die Möglichkeit, ihre persönlichen Grenzen kennenzulernen, ist den Kindern verwehrt worden. Sie mußten lernen, Übergriffe auszuhalten. Die Mißachtung eigener Grenzen und der Grenzen anderer muß als Folge der Grenzüberschreitungen gesehen werden, die das Kind aushalten mußte. Das Überschreiten der eigenen Grenze zeigt sich insbesondere in extremer Opferbereitschaft bis hin zu Selbstaufgabe.

Ohnmacht

Die Kinder haben gelernt, daß sie ihren Gefühlen und Wahrnehmungen nicht trauen können. Eine große Unsicherheit, ob ihre Empfindungen und Gefühle „wahr" sind und der Realität entsprechen, bleibt zurück. Aus dem Gefühl heraus, ausgeliefert zu sein, entstehen Ängste, Phobien und Unruhezustände. Auch Depressionen, als Folge von Ohnmachtsgefühlen und Hilflosigkeit, treten auf.

7. Mögliche Hinweise
auf sexuellen Mißbrauch im Schulalltag

Es wird schwierig sein, die Vielzahl der Hinweise immer in Zusammenhang mit sexuellem Mißbrauch zu bringen. Eine Auffälligkeit *alleine* kann nicht Beweis für sexuelle Ausbeutung sein.

Alle Beschreibungen können jedoch als *Hilferufe* des Kindes an die Umwelt interpretiert werden. So sollten Verhaltensauffälligkeiten als Zeichen gewertet werden, daß das Kind etwas mitteilen möchte, was es anders nicht ausdrücken kann. Die Verhaltensauffälligkeiten müssen dem Alter und Geschlecht des Kindes entsprechend gewertet werden.

Die Verdichtung von mehreren Auffälligkeiten und eine plötzliche, unerklärliche Veränderung des Verhaltens deuten allerdings stark auf sexuellen Mißbrauch hin. Das eigene Gefühl, „etwas" stimmt nicht mit dem Kind, ist ein wichtiger Wegweiser, um Klarheit zu gewinnen. Kindern, die sexuell mißbraucht werden, wurde oft unter Drohung von Strafe ein Versprechen zur Geheimhaltung abgerungen. Ihre einzige Chance ist, mit ihrem Verhalten auf sich aufmerksam zu machen.

Verhaltensauffälligkeiten im Grundschulalter

Für viele Kinder ist es gefährlich, offene Wut auf Erwachsene zu zeigen, da meist Bestrafung folgt. Wutgefühle und Aggressionen können nur dort gezeigt werden, wo es ungefährlich für das Kind ist, wie z. B. in der Schule zur Lehrerin und den Mitschülern. So zeigen auch Kinder, die sexuell mißbraucht wurden, ein
– aggressives Verhalten,
– herausforderndes Verhalten Erwachsenen gegenüber und
– ein betont lautes und „angstloses" Auftreten.

Manchmal richtet sich die Aggression der Kinder gegen sich selbst, indem sie sich z. B. Haare und Wimpern ausreißen, die Haut aufkratzen usw.

Werden Wut und Aggression unterdrückt, zeigen viele Kinder ein betont unauffälliges, angepaßtes und unterwürfiges Verhalten. Diese Kinder fallen am wenigsten auf, da sie den Unterricht nicht stören. Manche fallen nur durch ihr extrem ängstliches Verhalten auf, das sich in unterschiedlichen Zusammenhängen zeigt.

Aus Sorge, andere könnten etwas über den sexuellen Mißbrauch erfahren, erfolgt ein unmotivierter Abbruch von Beziehungen, der zum totalen Rückzug, bis hin zur Isolation, führen kann.

Im Unterricht kann ein scheinbar unmotivierter Leistungsabfall auffallen. Aber das Gegenteil, übereifriger Ehrgeiz, tritt ebenso auf und gibt selten Anlaß zur Sorge, während Schuleschwänzen im Grundschulalter als Alarmzeichen gewertet werden sollte.

Als Folge von Schlafstörungen und Tagträumen treten Konzentrationsstörungen auf, die sich im Unterricht bemerkbar machen. Hingegen fällt Bettnässen erst bei gemeinsamen Fahrten und Ausflügen auf.

Ein altersunangemessener Kenntnisstand vom Sexualverhalten Erwachsener sollte ein Alarmzeichen sein, ebenso wie sexualisiertes (Spiel-)Verhalten und sexuelle Provokationen. Die Schwierigkeit besteht allerdings darin, daß die Einschätzung sehr subjektiv ist, was noch altersangemessene Sexualität ist und was nicht. Kinder interessieren sich in jedem Alter für ihren Körper und die dazugehörigen Geschlechtsteile. Somit kann ein Verleugnen der Sexualität von Kindern und ein Rückfall in Prüderie nicht erstrebenswert sein.

Verhaltensauffälligkeiten im Jugendalter

Sind ältere Geschwister vorhanden, die ebenfalls auffällige Verhaltensweisen zeigen (z. B. Suizidversuche, Suchtverhalten), kann man davon ausgehen, daß Schwierigkeiten in der Familie vorhanden sind. Sexueller Mißbrauch kann, muß aber nicht die Ursache sein.
   Prostitution im Jugendalter und sexueller Mißbrauch von jüngeren Kindern jedoch haben häufig die Ursache, daß der/die Jugendliche selbst sexuell mißbraucht wurde.

Körperliche Hinweise bei Kindern und Jugendlichen

Im Unterschied zu anderer körperlicher Gewaltanwendung wird der sexuelle Mißbrauch häufig nicht sichtbar. Auch im Schulalltag wird es kaum möglich sein, körperliche Hinweise zu erkennen. Sind jedoch folgende Anhaltspunkte bekannt, sollten sie Anlaß zur Sorge sein:
- nicht lokalisierbare Schmerzen im Unterleib,
- Verletzungen von Brust, Gesäß, Unterleib, Innenseite der Oberschenkel (wie Kratzer, Bißwunden, Blutergüsse, Abschürfungen und Verbrennungen),
- Schwellungen und Rötungen im Bereich von Vagina, Anus oder Penis,
- Verletzungen, Jucken, Wundsein im Genitalbereich
- ungeklärtes Bluten oder Ausfluß im Genital-, Rektal- und Urethralbereich,
- immer wiederkehrende Entzündungen in den genannten Bereichen,
- Fremdkörper im Genitalbereich.

(Tabellarische Auflistung möglicher Hinweise, die auf sexuellen Mißbrauch hindeuten können, siehe Anhang S. 154–156).

8. Handlungsstrategien

Vielleicht haben Sie schon vorher einiges über sexuellen Mißbrauch gelesen? Sie könnten sich vorstellen, daß auch in Ihrer Schule Kinder sind, die sexuell mißbraucht werden. Sie haben einen Verdacht, ein unbestimmtes Gefühl drängt sich auf, daß mit diesem Kind etwas nicht in Ordnung ist. Das Verhalten des Kindes hat sich so plötzlich verändert, daß sie es gar nicht mehr wiedererkennen. Das Kind scheint bedrückt zu sein. Sie könnten versuchen, geduldig mit dem Kind ins Gespräch zu kommen, aber... (s. auch Kapitel 7 „Verhaltensauffälligkeiten").

Psychische Situation der Lehrerin

Unglaube

Wie ehrlich sind wir mit uns und unseren eigenen Gefühlen? Wäre es nicht einfacher, dieses Kind ließe uns Erwachsene in Ruhe, und vielleicht stimmt „es" ja gar nicht.

„Ich stehe ziemlich blöd da, wenn das nicht stimmt, und ich kriege vielleicht eine Anzeige wegen übler Nachrede oder Verleumdung."

In der Praxis hat sich gezeigt, daß Kinder, die über sexuellen Mißbrauch berichten, nicht lügen. Es kann allerdings vorkommen, daß ein Kind seine Anschuldigungen zurückzieht. Das geschieht, wenn das Kind sich der Hilfe nicht sicher ist.

Verleugnen

„Aber, das ist doch so ein netter, respektabler Mann. Das kann doch gar nicht sein. Am besten tue ich so, als ob nichts geschehen ist. Der Mißbrauch, falls es wirklich so sein sollte, war sicher nur eine Ausnahmesituation."

48

Leider sprechen die Erfahrungen dagegen, sexueller Mißbrauch muß von einem Kind häufig über Wochen, Monate und sogar Jahre ertragen werden, besonders, wenn es innerhalb der Familie passiert.

Hilflosigkeit

„Ja, ich habe Angst, daß das Mädchen mir etwas davon erzählt. Unangenehme Dinge möchte ich lieber nicht wissen, ich weiß nicht, wie ich damit umgehen soll."

Wenn das Kind Vertrauen zu Ihnen hat, können Sie trotz Angst eine große Stütze für das Kind sein, indem sie Partei für das Kind ergreifen.

„Dieser sympathische Mann soll das Kind sexuell mißbraucht haben? Das kann ich kaum glauben, der hat doch selber Frau und Kinder. Was wird nur aus der Familie, wenn ich ihn anzeige? Das kann man der Familie doch nicht antun, was soll ich bloß tun?"

Holen Sie sich Hilfe (Anschriften im Anhang), besprechen Sie in Ruhe die Problematik, bevor Sie handeln.

Aggression

„Nein, Angst ist es nicht, das Mädchen löst bei mir nur Wut und Aggressionen aus, wie die sich an die Jungen und Männer ranmacht."

Sexualisiertes Verhalten löst Aggressionen aus, ebenso „brave", angepaßte, unterwürfige Mädchen, die scheinbar alles mit sich machen lassen. Wut ist auch ein hilfreicher Indikator, um genauer bei sich zu forschen, was die Ursache für diese Wut sein könnte.

„Jetzt verstehe ich, warum ich so ungute Gefühle dem Mädchen gegenüber hatte."

Kenntnis über sexuellen Mißbrauch kann auch Erleichterung bei Ihnen auslösen, da Sie jetzt ihre Wut auf das Mädchen interpretieren können.

Sprachlosigkeit

„Ich sehe rot, das Herz klopft mir vor Wut bis zum Halse, ich bin traurig, sprachlos, hilflos, es ist ekelhaft, wie ist so etwas möglich?..."

Ein Gewirr von Gefühlen entsteht meist, wenn klar ist, daß ein Kind sexuell mißbraucht wurde und eventuell noch wird. Vielleicht denken Sie an Ihr eigenes zu Hause oder an Situationen, wo Ihre persönliche Grenze überschritten wurde. Die Gefühle der Hilflosigkeit und Sprachlosigkeit des Kindes können sich auf Sie übertragen. An dieser Stelle müssen Sie klar erkennen, daß *Sie nicht* Mitglied dieser Familie sind wie das Kind, sondern eine erwachsene Frau, die ihr selbständiges Leben führt.

Delegation

„Damit komme ich nicht zurecht, da habe ich keine Ahnung, wie man mit so einem Problem umgeht, andere können das sicher besser..."

Solche und ähnliche Gefühle sind verständlich, aber für das Kind nicht hilfreich. Wenn Sie können, geben Sie das Kind nicht weg, sondern holen Sie sich selbst Hilfe.

Handlungsdruck

„Es muß schnell etwas geschehen, aber was?"

Die eigene Hilflosigkeit führt zum Gefühl, die Dinge schnell in Ordnung bringen zu wollen und damit aus der Welt zu schaffen. Das eigene Weltbild soll wieder stimmen.

Ist das aber auch der Wunsch des Kindes?

Bevor Sie irgend etwas, vielleicht voreilig unternehmen, (z. B. das Kind aus der Familie nehmen wollen, Anzeige erstatten usw.) informieren Sie sich. Besprechen Sie jeden Schritt, den das Kind betrifft, zuerst mit dem Kind. Das Gefühl, erneut ausgeliefert zu sein, kann sich schnell bei dem Kind einstellen, auch wenn Sie es „gut" mit ihm meinen.

Was kann ich als Lehrerin persönlich tun, um gegen sexuellen Mißbrauch vorzubeugen?

Wie sehe ich mich selbst als Frau? Wie fühle ich mich als Frau? Bejahe ich meinen eigenen Körper mit all seinen Schwächen? Trete ich selbstbewußt auf, oder verhalte ich mich unterwürfig, wenn der

Direktor kommt? Setze ich das, was ich sage, in die Tat um, oder versuche ich, es allen recht zu machen?

Das sind wichtige Fragen, um das Bild zu beleuchten, das sie als Frau den Kindern vermitteln. Neben der Familie übernehmen auch Lehrerinnen und Lehrer bedeutende Vorbildfunktionen für die Übernahme von Geschlechtsrollen.

Psychische Situation des Lehrers

Viele Gefühle, die die Lehrerin hat, werden bestimmt auch Sie als Lehrer haben. Andere Gefühle haben vielleicht nur Sie, weil Sie ein Mann sind.

„Die Kleine hat so etwas an sich, die benimmt sich aber ziemlich aufreizend Männern gegenüber, kein Wunder."

Sexueller Mißbrauch führt zu sexualisiertem Verhalten und nicht umgekehrt. Das Mädchen hat gelernt, Aufmerksamkeit von Männern durch dieses Verhalten zu bekommen. So kann es sein, daß sich das Mädchen auf Ihren Schoß setzen wollte und Sie nicht wußten, wie Sie damit umgehen sollen.

„Ich bin auch ein Mann, aber so ein Schwein, das ist ja pervers..." „Das Mädchen soll wissen, daß nicht alle Männer so sind. Ich bin auf jeden Fall nicht so."

Männer haben oft das Bedürfnis, sich stark abzugrenzen von den Tätern und eine Aufteilung in „gute" und „böse" Männer vorzunehmen. Auch Kinder teilen die Welt zumeist in „böse" und „gute" Menschen auf. Daß jemand gute und schlechte Eigenschaften hat, ist sehr verwirrend, nicht nur für Kinder. Manchen Mädchen wird es schwer fallen, den Vater, zu dem es auch positive Gefühle hat, als „bösen" Mann zu sehen. Sich gegen Mitglieder der eigenen Familie auszusprechen, fällt allen Kindern schwer, selbst wenn sie stark mißhandelt werden. Kinder versuchen immer, Verständnis für das Verhalten ihrer Familienmitglieder zu haben und sie gegen Außenstehende zu verteidigen. Versuchen Sie daher eher zu vermitteln, daß es falsch ist, wie der Mißbraucher sich verhalten hat und nicht, daß es ein „böser" Mann ist.

Was kann ich als Lehrer persönlich tun, um gegen sexuellen Mißbrauch vorzubeugen?

Wie sehe ich mich selbst als Mann? Wie fühle ich mich als Mann? Kann ich mir Schwächen eingestehen, oder verachte ich Schwächen bei mir und bei anderen? Muß ich immer der Überlegenere sein und Recht behalten? Wie verhalte ich mich gegenüber anderen Männern? Gerate ich schnell in Konkurrenzdruck und versuche, mich zu beweisen, oder verhalte ich mich unterwürfig, wenn „Autorität" naht?

Wie verhalte ich mich gegenüber Frauen, Mädchen und Jungen? Übergehe ich auch manchmal Wünsche anderer und achte nicht auf deren Gefühle und Grenzen?

Spüre ich nicht auch manchmal eine Spur erotischer Anziehung, wenn ich sehe, wie vital, neugierig, offen und anschmiegsam sich Kinder verhalten? Oder schiebe ich solche Impulse erschreckt ins Vergessen und grenze mich ab als Mann, der sich niemals erotisch angezogen fühlt von Kindern? Wichtig ist, sich der Vielfalt der eigenen Gefühle und Impulse bewußt zu werden, da ansonsten eine Auseinandersetzung mit ihnen nicht möglich wird. Erst in der differenzierten Auseinandersetzung mit der großen Palette eigener Gefühle ist es möglich, einen sicheren Standpunkt zu erwerben.

Kinder haben selten genug Gelegenheit, im täglichen Umgang Männern zu begegnen. Als Lehrer übernehmen Sie neben der Familie eine wichtige Vorbildfunktion, zur Vielfalt der Verhaltensweisen von Männern in unserer Gesellschaft weitere aufzuzeigen. Wenn Sie Ihre eigenen Gefühle differenziert wahrzunehmen lernen, ist es nicht nur ein persönlicher Gewinn an Selbsterkenntnis für Sie, sondern bietet Ihren Schülerinnen und Schülern ein Modell einer komplexen Persönlichkeit.

Psychische Situation des Mädchens

„Mit mir ist etwas nicht in Ordnung, so etwas passiert nur mir ... Ich bin anders als andere Kinder ... Keiner, auch nicht aus meiner Familie, wird mich mögen, wenn bekannt wird, was passiert ist."

Mädchen, die sexuell mißbraucht worden sind, schämen sich, fühlen sich wertlos und beschmutzt. Sie glauben, an den sexuellen Handlungen Mitverantwortung zu tragen und meinen, sie seien die einzigen, die damit konfrontiert werden.

„Ich habe ihn ja trotzdem auch lieb, weil ich sonst niemanden habe, ihm soll nichts passieren ... Er ist so einsam, und ich bin für ihn die Liebste."

Häufig kommt es vor, daß ein Mädchen emotional vom Täter abhängig ist, auch wenn er kein Mitglied der Familie ist. Das ist insbesondere der Fall, wenn in der eigenen Familie wenig emotionaler Rückhalt zu erwarten ist. Ihr Mitgefühl für den Täter und ihre Einsamkeit hindern sie, um Hilfe für sich zu bitten.

„Keiner würde mir glauben, und keiner kann mir helfen."

In ihrer Not glauben die Mädchen nicht, daß ihnen irgendeine Person helfen könnte.

Auch haben Kinder oft die Erfahrung gemacht, daß im allgemeinen Erwachsenen eher geglaubt wird als ihnen. Manchmal haben sie erlebt, daß man ihre Erlebnisse, die sie erzählen, in den Bereich der Phantasie schiebt. Zu Recht sind Kinder vorsichtig in ihrem Hoffen, daß ihnen geholfen wird, weil häufig Eltern aus Angst, den Täter zu konfrontieren, dem Kind eine Mitschuld zuweisen. Dazu kommt, daß Kinder sehr sensibel für die soziale Stellung des Täters sind. Sie ahnen, daß sie kaum mit Unterstützung rechnen können, wenn es sich um einen Mann handelt, der sozial anerkannt ist.

„Der Mißbrauch soll aufhören, aber alles andere soll bleiben, wie es ist... Ich will, daß die Familie zusammenbleibt und glücklich ist... Wenn ich etwas sage, kommt er ins Gefängnis."

Ein für das Mädchen nahezu unlösbarer Konflikt entsteht, wenn der eigene Bruder, Vater oder Stiefvater der Täter ist. In seltenen Fällen wünschen Mädchen, daß sie aus der Familie genommen werden sollen. Um den Zusammenhalt der Familie zu sichern und Vater und Mutter zu schützen, ziehen es viele Mädchen vor, den Mißbrauch zu ertragen und das „Familiengeheimnis" zu wahren. Manchmal fühlen sie sich aufgewertet durch die große Verantwortung, die sie für die Familie tragen.

Psychische Situation des Jungen

Viele Gefühle, die das Mädchen hat, wird auch der Junge haben. Im Unterschied zu Mädchen werden Jungen häufiger von Personen mißbraucht, die nicht unmittelbar der Familie angehören, zu denen sie aber in einem autoritären Verhältnis stehen. Hinzu kommt, daß für Jungen eine sexuelle Beziehung zu Männern bzw. Jungen gesellschaftlich tabuisiert ist. So fällt es Jungen noch schwerer als Mädchen, über sexuellen Mißbrauch zu sprechen, sie haben Angst, homosexuell zu sein oder es zu werden. Jungen zeigen nach dem Mißbrauch auch häufiger aggressive Verhaltensweisen als Mädchen. Bei ihnen besteht die Gefahr, daß sie sich mit dem Täter identifizieren und selber zum Täter werden, der kleinere Kinder mißbraucht.

„Ich mag ihn, er ist sonst so ein guter Freund, ich will nicht, daß der Schwierigkeiten bekommt, aber, was er mit mir machen will, mag ich nicht, das finde ich ekelhaft."

Jungen sind häufig genauso emotional abhängig vom Täter wie Mädchen. Sie befinden sich auch in einem ähnlichen Zwiespalt wie die Mädchen, dem Wunsch, daß der Täter keinen Schaden durch sie erleidet und gleichzeitig nach dem Ende des sexuellen Mißbrauchs.

„Zuerst war es ja ein schönes Spiel, aber dann hat er mich gezwungen, weiterzumachen, was ich nicht wollte."

Schamgefühle, bei den sexuellen Handlungen nicht rechtzeitig Einhalt geboten zu haben, verhindern, über den sexuellen Mißbrauch zu sprechen und sich Hilfe zu holen.

„Ich hätte mich besser wehren müssen... ich konnte nicht mehr weglaufen. Warum will er das mit mir machen, werde ich kein richtiger Mann?"

Jungen empfinden es als persönliche Niederlage, Opfer eines sexuellen Mißbrauchs geworden zu sein. Von ihnen wird erwartet, daß sie sich richtig wehren, um Herr der Situation zu bleiben. Die Zweifel in ihrer männlichen Identität werden zusätzlich verstärkt, indem sie sich fragen, ob sie körperlich anziehend auf Männer wirken.

Massive Identitätsbrüche können schließlich dazu führen, daß sie sich mit dem vermeintlich „überlegeneren" und „starken" Mann identifizieren und nicht viel später selbst zum Täter werden.

Was ist zu tun? Was sollte nicht getan werden?

Verschiedene Verhaltensauffälligkeiten (s. auch Kap. 7) lassen eine Vermutung entstehen, daß ein bestimmtes Kind sexuell mißbraucht wird. Der *Verdacht* läßt Sie nicht mehr los.

Doch bedenken Sie, nur über das Kind können Sie Gewißheit bekommen, und dann nur, wenn das Kind Ihnen Vertrauen schenkt. Geduldig können Sie versuchen, eine vertrauensvolle Beziehung zu dem Kind aufzubauen, bzw. zu intensivieren, wenn Ihnen dieses Kind persönlich wichtig ist. Zu diesem Zeitpunkt sollten Sie auch Auffälligkeiten des Kindes mit Datum notieren, die vielleicht später eine wichtige Hilfe sein können, um das Kind zu unterstützen.

Ihre Gesprächsbereitschaft kann im Laufe der Zeit dazu führen, daß Äußerungen vom Kind kommen, die Sie in Ihrem Verdacht bestätigen. Selbst wenn das Kind Ihnen gegenüber den sexuellen Mißbrauch nicht offenbart, können Sie durch eine unvoreingenommene, herzliche Art dem Kind eine große Stütze und Hilfe sein. Erwachsene Frauen berichten, daß sie sich von ihrer früheren Lehrerin unterstützt gefühlt haben, ohne daß die Lehrerin wußte, daß sie damals als Kind sexuell mißbraucht wurden.

Möglich ist auch, daß Sie keinen Verdacht hatten und ein Kind sich Ihnen anvertraut und z. B. erzählt „Der Vater oder der Freund meiner Mutter faßt mich immer so komisch an" oder „wenn ich nackt im Bad bin, guckt mein Vater immer, ob ich überall richtig sauber bin", werden sie hellhörig, und wenn Sie können, signalisieren Sie Gesprächsbereitschaft. (Gesprächsleitfaden im Anhang).

Ebenso wie die Verhaltensauffälligkeiten, sollten die Inhalte des Gesprächs mit Datum festgehalten werden, um das Kind zu einem späteren Zeitpunkt besser unterstützen zu können. Wenn Sie sich überfordert fühlen, was bei diesem Problem nur zu verständlich ist, holen Sie sich Hilfe (Adressen im Anhang). Aber lassen Sie das Kind nicht im Stich, indem Sie das Gespräch bagatellisieren oder „vergessen".

Das Mädchen/der Junge berichtet von Übergriffen, glauben Sie ihm auf jeden Fall, und sagen Sie nicht „das kann doch gar nicht sein, so etwas Schreckliches. Ist das wirklich wahr?" oder „Warum hast Du das nicht früher schon gesagt".

Sagen Sie: „*Es war gut, daß Du es jetzt gesagt hast, Du bist nicht das einzige Kind, dem so etwas passiert ist.*"

Es erfordert viel Mut vom Kind, Außenstehende um Unterstützung zu bitten. Dem Kind wurde meistens vom Täter vermittelt, daß ihm sowieso keiner glauben würde.

Versuchen Sie unter allen Umständen, *Ruhe zu bewahren* und dem Kind *zuzuhören*. Versuchen Sie, möglichst genau herauszufinden, was vorgefallen ist, ohne das Kind zu drängen.

Ihre eigene *Wut, Betroffenheit und Hilflosigkeit* (was nur zu verständlich ist) besprechen Sie lieber mit anderen und nicht mit dem Kind. Es ist für das Kind möglicherweise schwer zu ertragen, daß jemand wütend auf eine ihm nahestehende Person ist, zumal seine Gefühle für den Täter oft ambivalent sind. Wenn es ein Mitglied der Familie des Kindes ist, wird es für das Kind besonders schwer sein zu ertragen, daß jemand Wutgefühle gegenüber seiner Familie hat.

Versichern Sie dem Kind aber auch, daß sie nicht wütend auf es sind. Möglicherweise spürt das Kind ihre aufkommende Wut und kann sie nicht eindeutig zuordnen.

Zerfließen Sie nicht in Mitleid wie z. B. „du armes Kind, ich hole dich aus der bösen Familie raus". Das *Kind hat Stärke bewiesen,* indem es in der Lage war, die Ausbeutung zu überleben und sich vertrauensvoll an Sie zu wenden.

Moralische Entrüstung und Empörung sind schlechte Ratgeber. Das Kind sollte nicht Instrument sein, um gegen Unmoral und Unrecht im Land zu kämpfen. Über den Kopf des Kindes hinweg sollten Sie *nie* etwas unternehmen. Auch wenn es Ihnen noch so schwer fällt und Sie fast Gewißheit haben, daß das Kind mißbraucht wird, Sie müssen die Autonomie des Kindes respektieren und abwarten können. Die Grenzen des Kindes müssen diesmal gewahrt bleiben, weil es schon durch den sexuellen Mißbrauch in seiner persönlichen Integrität verletzt worden ist.

Planen Sie *keine Handlungen über den Kopf des Kindes* hinweg, wie „wir müssen sofort die Polizei benachrichtigen, und du kommst besser ins Heim". Wenn das Kind lieber wie immer nach Hause gehen möchte, soll es das dürfen. Wenn nicht, sollten Sie gemeinsam überlegen, was unternommen werden kann, damit das Kind nicht mit dem Täter konfrontiert wird oder nach Hause muß.

Unternehmen Sie nichts voreilig, indem Sie Behörden wie Polizei oder Jugendamt einschalten. Erfahren die Strafverfolgungsbehörden vom sexuellen Mißbrauch, sind sie von Amts wegen verpflichtet, ein Strafverfahren einzuleiten. Ein einmal eingeleitetes Verfahren kann nicht mehr rückgängig gemacht werden. (Siehe auch Teil II des Buches „Juristische Aspekte zum sexuellen Mißbrauch").

Versprechen Sie aber nichts voreilig, was Sie nicht halten können. Häufig erbitten Kinder, daß Sie niemandem etwas von dem Gespräch erzählen. Erklären Sie dem Kind, warum und mit wem sie über das Geschehene sprechen müssen. Die Geheimhaltung ist die Macht des Täters.

Holen Sie für sich selbst möglichst Hilfe (Anschriften im Anhang). Aus Unsicherheit, dem Kind nicht richtig helfen zu können und aus Angst vor dem Thema Sexualität, kommt es häufig dazu, daß ein Kind an „kompetentere" Personen verwiesen wird. Besser wäre es, wenn Sie weiterhin versuchen, den Kontakt mit dem Kind zu halten. Deutlich gemacht werden muß an dieser Stelle: es gibt keine kompetenteren Personen, es gibt spezialisiertere, der *persönliche Umgang mit dem Mädchen oder dem Jungen ist am wichtigsten.*

Entschließen Sie sich dennoch für eine Delegation, besprechen Sie es mit dem Kind, und erklären Sie es.

Schließlich sollten Sie unbedingt darauf achten, das Kind als Gesamtpersönlichkeit zu sehen – mit den unterschiedlichen Eigenschaften, Stärken, Schwächen – und nicht nur als Opfer eines sexuellen Mißbrauchs. Jedes Kind, das sexuell mißbraucht wird, muß besondere Stärken entwickeln, um den Mißbrauch auszuhalten bzw. zu überleben.

Interventionsstufen beim sexuellen Mißbrauch

Leider wird es Ihnen nicht immer gelingen, das Kind in Zukunft vor weiteren sexuellen Übergriffen zu schützen. Deutlich sollten Sie sich vor Augen halten, daß es immer Fälle geben wird, wo Sie nichts ausrichten können.

Die beste Hilfe für das Kind werden Sie jedoch sein, wenn Sie mit dem Kind Kontakt halten und es wertschätzen. Alle Schritte, die Sie unternehmen wollen, sollten Sie auf jeden Fall dem Kind transparent machen und erklären, warum sie nötig sind. Auch wenn es u. U. Schritte sein sollten, die das Kind nicht möchte, müssen Sie erklären, warum sie notwendig sind.

Bei allen Schritten, die Sie unternehmen, sollten Sie sich von der obersten Prämisse leiten lassen: Der Schutz des Kindes geht vor einer möglichen Strafe des Täters, weil eine Sekundärtraumatisierung nicht ausgeschlossen werden kann.

Sich selber Hilfe holen

Mit sexuellem Mißbrauch konfrontiert zu werden, erschüttert verständlicherweise viele Menschen, und es erfordert viel Kraft, mit der Tatsache umzugehen. Daher ist es wichtig, sich selbst Hilfe zu holen, indem Sie möglichst mit Freundinnen/Freunden oder Kolleginnen/Kollegen über die eigenen Gefühle sprechen können.

An vielen Orten sind inzwischen Berufsgruppen und spezialisierte Beratungsstellen entstanden, die sich mit dem Thema sexueller Mißbrauch auseinandersetzen und Erfahrung gesammelt haben (Anschriften im Anhang). Dort können Sie u. U. nicht nur für sich selber Hilfe bekommen, sondern auch beraten werden, welche Schritte sinnvoll sind, dem Kind zu helfen.

Um einer Überforderung entgegenzuwirken, ist es wichtig, nicht alles alleine machen zu wollen. Alles, was über den persönlichen Kontakt mit dem Kind hinausgeht, kann an andere abgegeben oder mit anderen zusammen erfolgen.

So besteht die Möglichkeit, eine Helferkonferenz einzuberufen. Die spezialisierte Beratungsstelle hat die Möglichkeit, auf informellem Weg alle Stellen, die mit dem Kind befaßt sind, einzuladen und gemeinsam eine Lösung für das Kind zu erarbeiten. Der Name des Kindes bleibt dabei anonym.

Zur eigenen Entlastung wäre es sinnvoll, mit dem/der SchulleiterIn zu verhandeln, daß Termine (z. B. Beratungsstelle) vormittags während der Dienstzeit wahrgenommen werden können.

Nachdem Sie sich Hilfe geholt haben, ist es wichtig zu klären, was Sie selbst davon übernehmen können und wo Ihre psychischen und physischen Grenzen sind. So dürfen Sie auch sagen, daß Sie sich nicht mehr in der Lage fühlen, etwas zu unternehmen und am liebsten die Hilfe für das Kind an eine Beratungsstelle delegieren würden.

Soziales Umfeld

Die meisten Kinder wünschen, daß der Mißbrauch möglichst bald aufhören soll und daß sie in ihrem gewohnten Umfeld bleiben können.

In den Gesprächen mit dem Kind soll geklärt werden, wer aus dem gewohnten Umfeld dem Kind eventuell helfen könne. Das kann die Familie des Kindes sein, Großeltern oder andere Verwandte, Eltern von MitschülerInnen, ErzieherInnen von Hort oder Freizeiteinrichtungen, Freunde und Freundinnen des Kindes.

Die Interventionsschritte stehen immer in Abhängigkeit zu der Person und sozialen Stellung des Täters. Eine Unterstützung des Kindes von seiten der Mutter wäre optimal. Jedoch muß dringend davon abgeraten werden, voreilig die Mutter wegen des sexuellen Mißbrauchs anzusprechen. Leider ist eine zu erwartende Solidarität mit dem Kind *nicht* selbstverständlich. Die Unterstützung des Kindes durch die Mutter kann nicht nur problematisch sein, wenn der Vater/Stiefvater der Täter ist, sondern auch, wenn es ein anderes Mitglied der Familie ist, ein Nachbar oder eine Person mit sozial hohem Rang.

Bevor Schritte zur Intervention unternommen werden, sollten nicht nur die eigenen Kenntnisse über das Elternhaus, sondern eventuell auch die der MitschülerInnen zu Rate gezogen werden (siehe auch Kap. 5 „Reaktionen der Umwelt auf sexuellen Mißbrauch").

Wenn der Täter z. B. kein Mitglied der Familie ist, kann das Kind sich mit entsprechender Unterstützung aus dem Umfeld selber wehren. Häufig ist eine therapeutische Begleitung und Hilfe angesagt, um das Kind zu stärken und zu unterstützen. Unter allen Umständen sollte die Familie über Handlungsmöglichkeiten (Hilfe von Beratungsstellen, Konfrontation des Täters, Strafanzeige usw.) und über die Konsequenzen, die für das Kind daraus erwachsen, informiert werden. Manchmal findet sich im sozialen Umfeld eine Person, die die weiteren Schritte zum Schutz des Kindes übernehmen kann.

Wenn keine Vertrauensperson vorhanden ist oder kein Vertrauensverhältnis aufgebaut werden kann, sollten andere Schritte folgen, die in den nächsten Abschnitten beschrieben werden. Das wird auch der Fall sein, wenn der sexuelle Mißbrauch nicht beendet wird. Außerdem empfiehlt es sich, wenn Verhaltensauffälligkeiten und Symptome beim Kind andauern, psychologische Beratung und Therapie in Anspruch zu nehmen.

Informelle Kontaktaufnahme mit verschiedenen Institutionen

Da die meisten Kinder von Männern aus dem sozialen Nahbereich mißbraucht werden, ist es häufig nicht möglich, eine alleinige Unterstützung von seiten der Familie oder aus dem sozialen Umfeld des Kindes zu erhalten.

Der Name des Kindes bleibt anonym

Von besonderer Bedeutung ist die Möglichkeit, sich anonym, d. h. ohne den Namen des Kindes zu nennen, beraten zu lassen. Im Gegensatz zu anderen Beratungsstellen kann das Jugendamt nicht gewährleisten, daß anonym gearbeitet wird. Zur Zeit existieren hauptsächlich nur für Mädchen spezialisierte Beratungsstellen (s. Anhang). Daher ist es wichtig, beim Erstkontakt mit einer Beratungsstelle zu erwähnen, ob es sich um einen Jungen oder ein Mädchen handelt. Außerdem ist es notwendig, nach den Erfahrungen zu fragen, die die Beratungsstelle bisher hat. So kann z.B. direkt gefragt werden: „Haben Sie erfahrene MitarbeiterInnen, die sich im Thema sexueller Mißbrauch auskennen?"

Inzwischen existieren in manchen Städten sogenannte „Berufsgruppen" zum sexuellen Mißbrauch. HelferInnen aus verschiedenen Berufen, die mit dem Thema „sexueller Mißbrauch" konfrontiert sind, treffen sich, um den Kenntnisstand zu verbessern oder sich gegenseitig zu unterstützen. (Treffen über Beratungsstellen im Anhang erfragen).

Folgende zusätzliche Beratungseinrichtungen können anonym konsultiert werden:
– Erziehungsberatungsstellen (konfessionelle und städtische) Nach dem neuen Jugendhilfegesetz können sich Kinder direkt ohne Einwilligung der Eltern an Erziehungsberatungsstellen wenden
– Kinderschutzbund
– allgemeiner Sozialer Dienst (nach dem neuen JHG mehr Beratungs- als Eingriffsfunktion)
– ambulante Kinder- und Jugendpsychiatrie
– ÄrztInnen usw.

Um eine bessere Entscheidung treffen zu können, ob die Beratungsstelle für das Kind geeignet ist, sollte möglichst eine persönliche Kontaktaufnahme erfolgen. Das Angebot an Hilfe für sexuell mißbrauchte Kinder und die Erfahrungen der jeweiligen Stellen können lokal sehr unterschiedlich sein. Vielleicht hat das Jugendamt am Wohnort des Kindes erfahrene SozialarbeiterInnen.

Unterbringung

Die MitarbeiterInnen des Jugendamtes und der spezialisierten Beratungsstellen können mitteilen, welche Unterbringungsmöglichkeiten (Heim, bzw. Pflegeeltern) günstig sind. Auch hier ist von besonderer Bedeutung, welche Erfahrungen die jeweilige Stelle mit sexuell mißbrauchten Kindern hat. Bei einer Unterbringung in einem Heim ist darauf zu achten, daß möglichst Mädchen getrennt von Jungen untergebracht werden. Die Unterbringung bei Pflegeeltern erweist sich insofern problematisch, als daß erfahrungsgemäß die Fortführung eines sexuellen Mißbrauchs in der neuen Familie nicht ausgeschlossen werden kann.

Strafanzeige

Steht eine Strafanzeige im Raum, sollte vorher eine erfahrene RechtsanwältIn konsultiert werden (Anschrift über Beratungsstellen).

Einschalten von Institutionen

Nach eingehender Prüfung, welche Institution für das Kind die hilfreichste sein könnte, ist zu überlegen, welche der oben genannten Institutionen eingeschaltet werden soll. An dieser Stelle kann überlegt werden, ob die Hilfe des Jugendamtes auch in Anspruch genommen werden soll.

Jugendamt

Das Jugendamt kann als Eingriffsinstitution in die Familie gehen. FamilienhelferInnen des Jugendamtes können vor Ort mit der Familie arbeiten. Das geschieht einmal
– informell, indem die zuständigen SozialarbeiterInnen die Familie unterstützen bzw. die Unterstützung durch andere Institutionen koordinieren und organisieren,
– formell, indem eine allgemeine Erziehungsbeistandschaft zugeordnet wird und schließlich
– durch Herausnahme des Kindes aus der Familie und Einweisung ins Heim, bzw. zu Pflegeeltern.

Strafanzeige

Wenn Sie und die beratenden Stellen zu dem Schluß kommen, daß eine Anzeige notwendig wird, sollte mit einer erfahrenen RechtsanwältIn geklärt werden, ob die Beweise ausreichen, um den Täter ohne Schwierigkeiten zu überführen (siehe auch Teil II „Juristische Aspekte zum sexuellen Mißbrauch"). Ein Verfahren, das wegen Mangels an Beweisen eingestellt werden muß, richtet sich nicht nur *gegen das Kind,* sondern bietet dem Täter die Chance, das Kind weiter ungehindert zu mißbrauchen.

Verwendete Literatur

Arbeitskreis „Sexuelle Gewalt" beim Komitee für Grundrechte und Demokratie e. V.: Gewaltverhältnisse. Eine Streitschrift für die Kampagne gegen sexuelle Gewalt. Sensbachtal 1987

Bange, Dirk: Die dunkle Seite der Kindheit. Sexueller Mißbrauch an Mädchen und Jungen. Ausmaß – Hintergründe – Folgen. Köln 1992

Baurmann, M. C.: Sexualität, Gewalt und die Folgen für das Opfer. Berichte des Kriminalistischen Instituts Wiesbaden 4. Aufl. 1985

Bergler, R./Harich, K./Pörzgen, B.: Das Selbstkonzept von Frauen und die Darstellung der Frau in der Werbung. Unveröfftl. Manuskript, Bonn

Dibbern, A.: Intervention bei sexuellem Mißbrauch von Mädchen und Jungen im familiären Bereich. In: Dokumentation zur Fachtagung: Sexueller Mißbrauch von Kindern am 26.11.1987 in Karlsruhe. Hrsg.: Jugendamt der Stadt Karlsruhe

Dirks, L.: Die liebe Angst. Hamburg 1986

Ehrhardt, H./Verbeet, E.: Den Feind beim Namen nennen. Sexuelle Gewalt gegen Mädchen. In: Beiträge zur feministischen Theorie und Praxis. 1987, Heft 20, 37–49

Ehrhardt, H.: So trennt mann Mutter und Tochter – Sexuelle Gewalt in der Familie. In: Beiträge zur feministischen Theorie und Praxis. 1989, Heft 25/26, 211–222

Finkelhor, D.: Child Sexual Abuse. New York 1984

Fürniß, T.: Diagnostik und Folgen von sexuellem Kindesmißbrauch. Monatszeitschrift für Kinderheilkunde 1986a, 134: 335–340

Helfferich, C.: Mädchen, Mädchen. Die „Entdeckung der Mädchen" und ihrer besonderen Gefährdung in der Gesundheitsforschung. In: verhaltenstherapie und psychosoziale praxis Nr. 1/1989

Kavemann, B./Lohstöter, I.: Väter als Täter. Sexuelle Gewalt gegen Mädchen. Hamburg 1984

Neubauer, W. F.: Selbstkonzept und Identität im Kindes- und Jugendalter, München 1976

Rijnaarts, J.: Lots Töchter. Über den Vater-Tochter-Inzest. Düsseldorf 1988

Steinhage, R.: Sexueller Mißbrauch an Mädchen. Ein Handbuch für Beratung und Therapie. Hamburg 1989

Trube-Becker, E.: Gewalt gegen das Kind, Vernachlässigung, Mißhandlung, sexueller Mißbrauch und Tötung von Kindern, Heidelberg 1982

Wirtz, U.: Seelenmord: Inzest und Therapie. Zürich 1989

Zilbergeld, B.: Männliche Sexualität. Was (nicht) alle schon immer über Männer wußten... Forum für Verhaltenstherapie und psychosoziale Praxis, Bd. 5, Tübingen 1983

II. Juristische Aspekte zum sexuellen Mißbrauch

(Heide Horstmann, Juristin)

Die Aufdeckung konkreter Fälle sexuellen Mißbrauchs macht häufig Entscheidungen erforderlich, deren – rechtliche – Tragweite oft nicht ausreichend überblickt werden. Wird der Polizei bekannt, daß ein sexueller Mißbrauch vorliegt, muß sie dem nachgehen. Man hat nicht die Möglichkeit, die Anzeige zurückzuziehen.

Der folgende Überblick über die juristischen Aspekte des sexuellen Mißbrauchs und insbesondere das Strafverfahren im Bereich des Sexualstrafrechts soll Grundlageninformation vermitteln und Wege aufzeigen, das vorhandene rechtliche Instrumentarium im Interesse der betroffenen Kinder einzusetzen. Gleichzeitig soll aufgezeigt werden, wie wichtig es ist, sich vor einer Anzeige genauestens zu informieren, da für das betroffene Kind bestimmte Konsequenzen erwachsen. Das Wohlergehen des Kindes sollte an erster Stelle vor einer möglichen Strafe des Täters stehen, da eine Sekundärtraumatisierung durch das Strafverfahren nicht ausgeschlossen werden kann.

1. Die zentralen Straftatbestände

Die juristische Definition des sexuellen Mißbrauchs von Kindern (Personen unter 14 Jahre) findet sich in § 176 des Strafgesetzbuches (siehe 4. Auszüge aus dem Strafgesetzbuch, S. 62).

Mißbrauchshandlungen im Sinne dieser Vorschrift sind danach nicht nur sexuelle Handlungen mit unmittelbarem körperlichem Kontakt zwischen Täter und Kind (wie die Manipulation der Geschlechtsteile des Kindes bis hin zur Vollziehung des Beischlafes), sondern auch sexuelle Handlungen ohne Körperkontakt (wie exhibitionistisches Verhalten oder auch die Beeinflussung des Kindes durch Äußerungen und Darstellungen pornographischer Inhalte).

Auf Personen über 14 Jahre wird der strafrechtliche Schutz vor sexuellem Mißbrauch über § 174 Strafgesetzbuch ausgedehnt, wenn das Kind „Schutzbefohlener" des Täters war. Schutzbefohlene im Sinne der Vorschrift sind

– die leiblichen oder angenommenen Kinder des Täters (bis 18 Jahre)
– Personen, die dem Täter zur Erziehung, Ausbildung oder Betreuung in der Lebensführung anvertraut waren (bis 16 Jahre), (hierher gehört der Mißbrauch durch Stiefväter, Lehrer, Nachhilfelehrer, den Vormund, das Personal im Heim oder Internat, den Lehrherrn, den Leiter eines Zeltlagers etc.)
– der gleiche Personenkreis bis zum 18. Lebensjahr, sowie Personen, die dem Täter in einem Dienst- oder Arbeitsverhältnis untergeordnet waren, wenn der Täter unter Mißbrauch einer mit dem Schutzverhältnis verbundenen Abhängigkeit gehandelt hat. (Ausnutzung besonderer Drucksituationen, z.B. bevorstehende Entlassungen, offene oder versteckte Drohungen mit Schikanen).

Unter den erweiterten Voraussetzungen der §§ 177 und 178 des Strafgesetzbuches kommt darüberhinaus – unabhängig vom Alter des Opfers – Strafbarkeit wegen Vergewaltigung bzw. sexueller Nötigung in Betracht. Erforderlich ist hier, daß die sexuellen Handlungen durch Gewalt oder die Drohung mit Gefahr für Leib oder Leben des Opfers erzwungen wurden.

2. Das Strafverfahren

Vorbemerkung

Strafverfahren im Bereich des Sexualstrafrechts sind *Offizialverfahren*. Das heißt, die Strafverfolgungsbehörden (Polizei, Staatsanwaltschaft) sind von Amts wegen verpflichtet einzuschreiten, wenn sie vom Verdacht einer Straftat auch nur erfahren, ohne Rücksicht auf den Willen des Verletzten (in diesem Fall das Kind).

Da ein einmal eingeleitetes Verfahren somit grundsätzlich *nicht mehr rückgängig* gemacht werden kann, bedarf es bereits im Vorfeld der Überlegung, ob dem Kind die Belastungen des Verfahrens zuzumuten sind und ob sie den Interessen des Kindes entsprechen, selbst wenn gesamtpolitisch sicher die Öffentlichmachung des Mißbrauchs wünschenswert ist.

Angesichts der Gefahr einer zusätzlichen *Traumatisierung* des Kindes durch die erneute Verletzung seiner Intimsphäre, der häufig starken Loyalitätskonflikte, der ca. $\frac{1}{2}$ bis 1 Jahr währenden Konfrontation mit Tat und Täter oder des oft unvermeidlichen Abbruchs der Beziehungen zu wichtigen Bezugspersonen, empfiehlt es sich grundsätzlich, die konkreten Umstände des Einzelfalles (Alter, Persönlichkeit, familiäre Situation usw.) mit Hilfe erfahrener BeraterInnen abzuwägen, um übereilten und den Bedürfnissen des Kindes zuwiderlaufenden Entscheidungen vorzubeugen. (Adressen entsprechender Beratungsstellen finden sich im Anhang).

Obwohl sich das Strafverfahren ideal am Wohl des Kindes orientiert, handelt es sich in der Realität um ein stark formalisiertes Verfahren mit institutionellen Beschränkungen. Aufgrund dieser Beschränkungen ist es den Verfahrensbeteiligten nicht möglich, den Gesamtkomplex der Tat zu erfassen, und dem betroffenen Kind kommt grundsätzlich nur die Rolle des Zeugen – also des reinen Beweismittels zu.

Sollte die Entscheidung zugunsten des Strafverfahrens ausfallen, empfiehlt es sich daher, dem Kind die parteiliche Unterstützung einer mit der Thematik vertrauten Anwältin zu sichern und bereits frühzeitig den Anschluß als NebenklägerIn zu beantragen.

Nebenklage

Die Möglichkeit der Nebenklage stärkt die prozessuale Rolle des Kindes und stellt den Zeugenpflichtigen (zu erscheinen und wahrheitsgemäß auszusagen) Verfahrensrechte zur Seite, die es ermöglichen, aktiv Einfluß auf das Verfahren zu nehmen.
Dazu einige grundsätzliche Bemerkungen:
- Sexualstraftaten sind seit April 1987 selbständig nebenklagefähig;
- die Anschlußerklärung ist in jedem Verfahrensstadium zulässig;
- Prozeßkostenhilfe für die Hinzuziehung der Rechtsanwältin kann bereits im Vorverfahren bewilligt werden;
- unzulässig ist die Nebenklage in Verfahren gegen Jugendliche und schuldunfähige Täter;
- bis zum 18. Lebensjahr ist für die Anschlußerklärung die Zustimmung des gesetzlichen Vertreters erforderlich. Sollten die Eltern wegen eigener Betroffenheit ausscheiden, bedarf es der Bestellung eines Ergänzungspflegers durch das Vormundschaftsgericht. (Das ist der Fall, wenn der Vater der Täter und die Mutter zum Schutz des Kindes nicht bereit oder in der Lage ist).
Obwohl grundsätzlich jede geeignete Person die Pflegschaft übernehmen kann, wird sie in der Praxis meist dem Amtsvormund beim Jugendamt übertragen. Angesichts der damit verbundenen Gefahr rein routinemäßiger Entscheidungen sollten Bezugspersonen des Kindes (Beraterin, Lehrerin) sich zur Übernahme der Pflegschaft bereiterklären und ihre Bestellung bei Gericht oder Jugendamt anregen.

Verfahrensablauf

Das Strafverfahren gliedert sich in Vor- bzw. Ermittlungsverfahren, Zwischenverfahren und Hauptverfahren.

Ermittlungsverfahren

Das Ermittlungsverfahren liegt in der Hand der Staatsanwaltschaft, die alle zur Aufklärung des Sachverhalts erforderlichen Maßnahmen und Entscheidungen trifft. (Ausnahme: einige weitreichende Entscheidungen sind auch im Vorverfahren dem Richter vorbehalten, Beispiel: Haftbefehl). Die Zuständigkeit innerhalb der Staatsanwaltschaft liegt für Gewalttaten gegen Frauen und Mädchen zumeist bei speziell zur Thematik eingerichteten Sonderdezernaten (in Nordrhein-Westfalen seit 1.1.1989 landesweit), für Fälle sexuellen Mißbrauchs bei den Jugendschutzdezernaten.

Zur Durchführung der praktischen Ermittlungsarbeit bedient sich die Staatsanwaltschaft regelmäßig der Kriminalpolizei, deren Beamte ihr zwar nicht organisatorisch eingegliedert, aber funktional zugeordnet sind und der Weisungsbefugnis des zuständigen Staatsanwaltes unterliegen.

Eingeleitet wird das Ermittlungsverfahren in der Regel durch eine Strafanzeige. Anzeigeberechtigt ist jeder, der von einer Straftat erfährt, eine Rechtspflicht zur Anzeige besteht aber grundsätzlich nicht. (Ausnahme: die Nichtanzeige einer geplanten Straftat ist gemäß § 138 Strafgesetzbuch unter Strafe gestellt).

Die Anzeige sollte unmittelbar an das zuständige Kommissariat der Kripo (Sittendezernat) oder die Staatsanwaltschaft selbst gerichtet werden; die Zwischenschaltung einer beliebigen Polizeidienststelle empfiehlt sich nicht, da sie zu einer unnötigen Verzögerung führt und man noch recht häufig großer Unerfahrenheit mit der Materie und einem entsprechend unangemessenen Verhalten begegnet.

Unmittelbar nach der Anzeige erfolgt u.U. die erste Vernehmung des betroffenen Kindes, die die Grundlage des gesamten Verfahrens darstellt und das Kind zu einer umfassenden detaillierten Darstellung des Tatherganges (sowie gegebenenfalls die Beziehung zum Täter) zwingt.

Die Vernehmung erfolgt regelmäßig beim Sittendezernat der Kripo und wird – sofern dies nach der jeweiligen Personalkapazität möglich ist – von thematisch erfahrenen Beamtinnen durchgeführt. (In den meisten [Groß-]Städten haben Mädchen und Frauen einen Anspruch darauf, von weiblichen Beamten vernommen zu werden; dieses Recht sollte in jedem Fall geltend gemacht werden!).

Obwohl die Vernehmung erfahrungsgemäß kindgerecht gestaltet wird (Spiele, Malen als Form der Darstellung) und in einer geschützten, an den kindlichen Bedürfnissen orientierten Atmo-

sphäre stattfindet, erweist sie sich oft deshalb als problematisch, weil sie sich vorrangig an Strafverfolgungsinteressen orientiert und der gezielten Ermittlung des verwirklichten Straftatbestandes dient, so daß eine parteiliche Unterstützung des Kindes nicht geleistet werden kann. Es sollte deshalb darauf hingewirkt werden, daß
- eine Vertrauensperson des Kindes anwesend ist (gem. § 406f Strafprozeßordnung ist es eine Ermessensentscheidung des Vernehmungsbeamten),
- in besonders problematischen Fällen ein Kinderpsychologe zugezogen wird (ist in Nr. 222 der Richtlinien für Straf- und Bußgeldverfahren vorgesehen, erfolgt in der Praxis jedoch selten),
- die Vernehmung unter Umständen unmittelbar vom Jugendschutzdezernenten der Staatsanwaltschaft durchgeführt wird.

Ist das Kind mit dem Täter verwandt, steht ihm gem. § 52 Strafprozeßordnung ein Zeugnisverweigerungsrecht zu. Sowohl die Belehrung über dieses Recht als auch seine Ausübung müssen ordnungsgemäß erfolgen, andernfalls ist die gesamte Aussage unverwertbar. Minderjährige bis ca. 12/14 Jahre (hier unterstellt man fehlende Einsichtsfähigkeit in die Bedeutung des Rechts) bedürfen bei der Entscheidung der gesetzlichen Vertretung, die ebenfalls von einem Ergänzungspfleger wahrgenommen werden muß, wenn der Vater selbst Beschuldigter ist.

Die weitere Ermittlungtätigkeit der Kripo besteht in der Regel in der Sicherung sachlicher Beweismittel, der verantwortlichen Vernehmung des Beschuldigten und gegebenenfalls der Beantragung eines Haftbefehls sowie der Vernehmung – auch mittelbarer – Zeugen. Insbesondere für Personen, die – vor allem durch das Kind selbst – Kenntnis von der Tat erlangt haben, empfiehlt es sich daher, möglichst sofort *detaillierte Gesprächsnotizen* anzufertigen (z.B. Datum, Inhalt der Gespräche, Verfassung des Kindes etc.) und als Beweismittel bereitzuhalten.

Regelmäßig, noch vor Abschluß der Ermittlungen, erfolgt eine recht umfangreiche psychologische Begutachtung des Kindes, die dem Ziel dient, die Glaubhaftigkeit seiner Aussage zu ermitteln. Anhand verschiedener kindgerechter Verfahren werden Entwicklungsstand und Fähigkeit des Kindes, sowie Detaillierung und Homogenität des Aussageinhalts untersucht.

Die Anfertigung derartiger Glaubwürdigkeitsgutachten wird in der Praxis meist von MitarbeiterInnen des Instituts für Gerichtspsychologie in Bochum wahrgenommen und findet grundsätzlich in der vertrauten Umgebung des Kindes statt. Die Einholung des Gutachtens noch im Vorverfahren ist deshalb sinnvoll, weil sich bereits zu diesem Zeitpunkt entscheiden kann, ob die Belastung des Kindes mit der gerichtlichen Hauptverhandlung noch sinnvoll, bzw. erforderlich ist:

Fällt das Gutachten positiv aus (das ist bei über 90% der Fälle), kann es als Druckmittel gegen den Täter eingesetzt werden und ihn frühzeitig zum Geständnis veranlassen (das geschieht häufig in der Praxis, weil ein Geständnis strafmildernd wirkt). In diesem Fall kann sich die Aussage des Kindes in der Hauptverhandlung erübrigen, weil kein weiteres Beweismittel mehr erforderlich ist.

Fällt das Gutachten negativ aus, wird das Verfahren regelmäßig eingestellt, so daß eine Hauptverhandlung nicht mehr stattfindet.

Da Informationen über den Inhalt des Gutachtens ebenso wie Informationen über die Aussage des Beschuldigten nur im Wege des Akteneinsichtsrechtes einer Anwältin möglich sind, empfiehlt sich deren Einschaltung bereits im Vorverfahren, um eine effektive Vorbereitung der Hauptverhandlung zu ermöglichen.

Das Ermittlungsverfahren endet mit
– der Erhebung der öffentlichen Anklage (zum Jugendschöffengericht oder zur Jugendschutzkammer) oder
– der Einstellung des Verfahrens, § 170 II Strafprozeßordnung.

In diesem Fall besteht die Möglichkeit eines *Klageerzwingungsverfahrens*: Die Beschwerde zur Generalstaatsanwaltschaft und der Antrag auf gerichtliche Entscheidung zum Oberlandesgericht (Anwaltszwang) ermöglichen die Überprüfung des Einstellungsbescheides. Das Klageerzwingungsverfahren hat sich in der Praxis als regelmäßig wenig aussichtsreich erwiesen; es empfiehlt sich allerdings bei konkreten Anhaltspunkten für eine unzureichende Ermittlungsarbeit der Kripo. (Für die Begründung der Beschwerde ist die Kenntnis des Akteninhalts erforderlich. Das ist nur möglich über das Akteneinsichtsrecht eines Anwaltes oder einer Anwältin.)

Zwischenverfahren

Im Zwischenverfahren geht die Verfahrensleitung auf das Gericht über, das bei Bejahung des hinreichenden Tatverdachts das Hauptverfahren eröffnet.

Hauptverfahren

Das Hauptverfahren besteht aus
- der Vorbereitung der Hauptverhandlung (Terminbestimmung, Ladungen etc.)
- der Hauptverhandlung selbst, die das Kernstück des Verfahrens und sicherlich die Hauptbelastung für das betroffene Kind darstellt.

Die *Hauptverhandlung* ist deshalb das Kernstück des Verfahrens, weil das Urteil, und damit der endgültige Ausspruch über Schuld oder Unschuld des Angeklagten allein aufgrund der in der Hauptverhandlung gewonnenen Ergebnisse gesprochen wird, so daß – unabhängig von den vorangegangenen Ermittlungen – noch einmal *sämtliche Beweise* erhoben werden müssen.

Insbesondere die Beweisaufnahme beruht dabei auf den Grundsätzen der Unmittelbarkeit und Mündlichkeit, was bedeutet, daß nur der mündlich vorgetragene und erörterte Prozeßstoff dem Urteil zugrundegelegt wird. So scheidet der Akteninhalt als Urteilsgrundlage prinzipiell aus. Die Laienrichter, denen gleiches Stimmrecht zusteht, haben keine Kenntnis vom Akteninhalt; der Sitzungsvertreter der Staatsanwaltschaft ist häufig nicht identisch mit dem Sachbearbeiter (Verfasser der Anklageschrift), so daß auch er die gesamte Akte oft nicht kennt.

Auch Personen, die als Beweismittel dienen, müssen *selbst gehört* werden (persönlicher Eindruck), Beweissurrogate (z. B. die Verlesung von Vernehmungsprotokollen) sind prinzipiell ausgeschlossen.

In der praktischen Konsequenz bedeutet das, daß die Aussage des Kindes in der Hauptverhandlung nur dann entbehrlich ist, wenn ein Geständnis seitens des Täters vorliegt und der gesamte Prozeßstoff durch die Einlassung des Angeklagten selbst in die Hauptverhandlung eingeführt wird.

Eine andere Möglichkeit besteht nur dann, wenn dem Kind ein *Zeugnisverweigerungsrecht* zusteht und dieses Recht erstmals in der Hauptverhandlung ausgeübt wird. Auch in diesem Fall ist die Verlesung des früheren Vernehmungsprotokolls ausgeschlossen, zugelassen wird jedoch die Vernehmung der richterlichen Vernehmungsperson. In entsprechenden Fallkonstellationen wird das Kind daher regelmäßig bereits im Vorverfahren durch den Ermittlungsrichter vernommen, so daß ihm die Befragung in der Hauptverhandlung erspart bleibt.

Die Hauptverhandlung findet grundsätzlich öffentlich und in ununterbrochener Anwesenheit des Angeklagten statt. Der Öffentlichkeitsgrundsatz, ursprünglich als Schutzrecht für den Angeklagten gedacht (Kontrolle der Rechtsprechung), kann auch für das betroffene Kind sinnvoll und wichtig sein, um ihm die Anwesenheit von Vertrauenspersonen zu sichern.

Die Öffentlichkeit kann aber auf Antrag oder von Amts wegen ausgeschlossen werden, wenn durch die öffentliche Erörterung persönlicher Lebensumstände schutzwürdige Interessen der jeweiligen Zeugin oder des jeweiligen Zeugen verletzt würden, § 171b Gerichtsverfassungsgesetz. Ein Ausschluß gegen den Willen der Zeugen ist jedoch ausgeschlossen. Bei ZeugInnen unter 16 Jahren ist der Ausschluß unter erleichterten Voraussetzungen möglich. Die Entfernung des Angeklagten ist während der Aussage von Personen unter 16 Jahren zulässig (in der Praxis aber selten), wenn erhebliche Nachteile für das Wohl der Zeugin/des Zeugen zu befürchten sind.

Die Hauptverhandlung gliedert sich in
– den Aufruf der Sache (Belehrung der Zeugen etc.),
– die Vernehmung des Angeklagten zur Person,
– die Verlesung des Anklagesatzes,
– die Vernehmung des Angeklagten zur Sache (Schweigerecht des Angeklagten),
– die Beweisaufnahme – hier findet die Vernehmung des Kindes (bis zum 14. Lebensjahr nur durch den Vorsitzenden), der übrigen Zeugen und die Erstattung etwaiger Gutachten statt,
– die Plädoyers,
– das Schlußwort des Angeklagten,
– die Urteilsverkündung (nach Beratung).

In der Hauptverhandlung kommt der Nebenklage die praktisch größte Bedeutung zu: Die Nebenklägerin/der Nebenkläger hat das Recht,
– während der gesamten Verhandlung anwesend zu sein (Zeuginnen ist die Anwesenheit erst nach ihrer Aussage gestattet),
– Anträge auf Unterbrechung der Hauptverhandlung zu stellen,
– Fragen an den Angeklagten zu richten,
– Fragen als unzulässig zurückzuweisen,
– Beweisanträge zu stellen,

- ein eigenes Plädoyer zu halten
  (wichtig für die Folgen der Tat),
- Rechtsmittel gegen das Urteil einzulegen (eingeschränkt).

Ein Hinweis zum Schluß: Die grundsätzlich zivilrechtlichen An-
sprüche auf Schadensersatz und Schmerzensgeld können unmittelbar im Strafverfahren geltend gemacht werden. Ein solches Adhä-
sionsverfahren empfiehlt sich, weil es eine erneute Verhandlung vor
dem Zivilgericht und die damit verbundene erneute Aussage des
Kindes überflüssig macht.

3. Alternative, bzw. ergänzende rechtliche Möglichkeiten bei sexuellem Mißbrauch durch den Vater

Bei einer Trennung der Eltern ist es möglich, die elterliche Sorge auf die Mutter zu übertragen. Obwohl die endgültige Regelung des Sorgerechts erst im Scheidungsverbund erfolgt, ist eine vorläufige Sorgerechtsregelung als selbständiges Verfahren bereits vor Anhängigkeit der Scheidung möglich. Zuständig ist das Familiengericht beim Amtsgericht, in dessen Bezirk sich das Kind gewöhnlich aufhält.

Das Verfahren richtet sich nach § 50a FGG (Gesetz über die freiwillige Gerichtsbarkeit), so daß der Familienrichter beide Eltern, gegebenenfalls die Kinder (über 14 Jahren immer) sowie das Jugendamt anhört und in Zweifelsfällen ein familienpsychologisches Gutachten einholt.

Innerhalb dieses Hauptsacheverfahrens ist der Erlaß einer einstweiligen Anordnung möglich. Bei Glaubhaftmachung der Dringlichkeit (eidesstattliche Versicherung) ergeht die Entscheidung sofort, d.h. ohne mündliche Verhandlung. Die Anhörung der Beteiligten wird nachgeholt.

Zusätzlich empfiehlt sich der Antrag auf Zuweisung der Ehewohnung an Mutter und Kind, der von der Rechtsprechung (jedenfalls bei unmittelbarer Gefahr für Leib oder Leben von Mutter und Kind) weitgehend auch schon vor Anhängigkeit der Ehescheidung für zulässig erachtet wird. Die Entscheidung des Familienrichters, die ebenfalls im Eilverfahren ergehen kann, ermöglicht die Entfernung des Vaters aus der gemeinsamen Wohnung und kann gegebenenfalls mit Hilfe der Polizei durchgesetzt werden.

Ist die Mutter zur Trennung vom Vater nicht bereit oder in der Lage, bedarf es zum Schutz des Kindes einer Entscheidung des Vormundschaftsgerichts nach § 1666 BGB. Bei einer Gefährdung des Kindeswohls kann der Vormundschaftsrichter – bei Dringlichkeit ebenfalls im Eilverfahren, d.h. ohne Anhörung der Beteiligten – den Entzug des Aufenthaltsbestimmungsrechtes und seine Übertragung auf einen Pfleger (in der Praxis meist den Amtsvormund beim Jugendamt) anordnen, so daß das Kind auch gegen den Willen der Eltern aus der Familie genommen werden kann.

4. Auszüge aus dem Strafgesetzbuch

Dreizehnter Abschnitt, Straftaten gegen die sexuelle Selbstbestimmung

§ 176. Sexueller Mißbrauch von Kindern. (1) Wer sexuelle Handlungen an einer Person unter vierzehn Jahren (Kind) vornimmt oder an sich von dem Kind vornehmen läßt, wird mit Freiheitsstrafe von sechs Monaten bis zu zehn Jahren, in minder schweren Fällen mit Freiheitsstrafe bis zu fünf Jahren oder mit Geldstrafe bestraft.

(2) Ebenso wird bestraft, wer ein Kind dazu bestimmt, daß es sexuelle Handlungen an einem Dritten vornimmt oder von einem Dritten an sich vornehmen läßt.

(3) In besonders schweren Fällen ist die Strafe Freiheitsstrafe von einem Jahr bis zu zehn Jahren. Ein besonders schwerer Fall liegt in der Regel vor, wenn der Täter

1. mit dem Kind den Beischlaf vollzieht oder
2. das Kind bei der Tat körperlich schwer mißhandelt.

(4) Verursacht der Täter durch die Tat leichtfertig den Tod des Kindes, so ist die Strafe Freiheitsstrafe nicht unter fünf Jahren.

(5) Mit Freiheitsstrafe bis zu drei Jahren oder mit Geldstrafe wird bestraft, wer

1. sexuelle Handlungen vor einem Kind vornimmt,
2. ein Kind dazu bestimmt, daß es sexuelle Handlungen vor ihm oder einem Dritten vornimmt, oder
3. auf ein Kind durch Vorzeigen pornographischer Abbildungen oder Darstellungen, durch Abspielen von Tonträgern pornographischen Inhalts oder durch entsprechende Reden einwirkt,

um sich, das Kind oder einen anderen hierdurch sexuell zu erregen.

(6) Der Versuch ist strafbar; dies gilt nicht für Taten nach Absatz 5 Nr. 3

§ 174. Sexueller Mißbrauch von Schutzbefohlenen. (1) Wer sexuelle Handlungen

1. an einer Person unter sechzehn Jahren, die ihm zur Erziehung, zur Ausbildung oder zur Betreuung in der Lebensführung anvertraut ist,

2. an einer Person unter achtzehn Jahren, die ihm zur Erziehung, zur Ausbildung oder zur Betreuung in der Lebensführung anvertraut oder im Rahmen eines Dienst- oder Arbeitsverhältnisses untergeordnet ist, unter Mißbrauch einer mit dem Erziehungs-, Ausbildungs-, Betreuungs-, Dienst- oder Arbeitsverhältnis verbundenen Abhängigkeit oder

3. an seinem noch nicht achtzehn Jahre alten leiblichen oder angenommenen Kind

vornimmt oder an sich von dem Schutzbefohlenen vornehmen läßt, wird mit Freiheitsstrafe bis zu fünf Jahren oder mit Geldstrafe bestraft.

(2) Wer unter den Voraussetzungen des Absatzes 1 Nr. 1 bis 3

1. sexuelle Handlungen vor dem Schutzbefohlenen vornimmt oder

2. den Schutzbefohlenen dazu bestimmt, daß er sexuelle Handlungen vor ihm vornimmt,

um sich oder den Schutzbefohlenen hierdurch sexuell zu erregen, wird mit Freiheitsstrafe bis zu drei Jahren oder mit Geldstrafe bestraft.

(3) Der Versuch ist strafbar.

(4) In den Fällen des Absatzes 1 Nr. 1 oder des Absatzes 2 in Verbindung mit Absatz 1 Nr. 1 kann das Gericht von einer Bestrafung nach dieser Vorschrift absehen, wenn bei Berücksichtigung des Verhaltens des Schutzbefohlenen das Unrecht der Tat gering ist.

§ 177. Vergewaltigung. (1) Wer eine Frau mit Gewalt oder durch Drohung mit gegenwärtiger Gefahr für Leib oder Leben zum außerehelichen Beischlaf mit ihm oder einem Dritten nötigt, wird mit Freiheitsstrafe nicht unter zwei Jahren bestraft.

(2) In minder schweren Fällen ist die Strafe Freiheitsstrafe von sechs Monaten bis zu fünf Jahren.

(3) Verursacht der Täter durch die Tat leichtfertig den Tod des Opfers, so ist die Strafe Freiheitsstrafe nicht unter fünf Jahren.

§ 178. Sexuelle Nötigung. (1) Wer einen anderen mit Gewalt oder durch Drohung mit gegenwärtiger Gefahr für Leib oder Leben nötigt, außereheliche sexuelle Handlungen des Täters oder eines

Dritten an sich zu dulden oder an dem Täter oder einem Dritten vorzunehmen, wird mit Freiheitsstrafe von einem Jahr bis zu zehn Jahren bestraft.

(2) In minder schweren Fällen ist die Strafe Freiheitsstrafe von drei Monaten bis zu fünf Jahren.

(3) Verursacht der Täter durch die Tat leichtfertig den Tod des Opfers, so ist die Strafe Freiheitsstrafe nicht unter fünf Jahren.

Bei Drucklegung der 4. Auflage (Juni 1993) wurden härtere Strafen für Besitz und Vertrieb von Kinderpornographie sowie sexuellen Mißbrauch von Kindern im Ausland beschlossen. Danach liegt das Strafmaß für die Verbreitung von Pornoschriften und -videos mit Kindern bei Einzeltätern künftig zwischen drei Monaten und fünf Jahren. Bei organisiertem und bandenmäßigem Vertrieb werden nach dem Gesetz Freiheitsstrafen zwischen sechs Monaten und fünf Jahren verhängt. Erstmals wird auch der Besitz von Kinderpornos mit einer Freiheitsstrafe bis zu einem Jahr oder mit einer Geldstrafe geahndet. Bestraft wird künftig auch der sexuelle Mißbrauch von Kindern im Ausland. Dabei gelten das deutsche Strafrecht und ein Strafmaß wie beim sexuellen Mißbrauch von Kindern in Deutschland: Freiheitsstrafen bis zu zehn Jahren, bei Vergewaltigung bis zu 15 Jahren.

III. Präventionsmöglichkeiten gegen sexuellen Mißbrauch an Mädchen und Jungen

1. Konfrontation mit dem Thema sexueller Mißbrauch im Grundschulalltag

Alle GrundschullehrerInnen kennen die traditionellen, bisher ausschließlich praktizierten vorbeugenden Maßnahmen gegen sexuellen Mißbrauch an Mädchen: Vor dem „bösen Onkel" – ein fremder Mann, der die Kinder mit Süßigkeiten oder Geschenken lockt, sie entführt und etwas „Böses" mit ihnen macht, warnen Verkehrspolizisten, Eltern und auch LehrerInnen. Mit den Kindern wird nicht darüber gesprochen, was dieses „Böse" eigentlich ist. Sie werden nicht darüber informiert, daß die Täter hauptsächlich aus dem unmittelbaren sozialen Umfeld der Kinder (nur 6,2% der Täter sind fremd) entstammen. Ihnen wird durch diese Art der Aufklärung das Gefühl vermittelt, daß es „böse", „starke" Männer gibt, die ihnen weh tun – sie jedoch zu klein und schwach sind, um sich zu wehren, sowie zu jung, um zu verstehen, was „diese" Männer mit ihnen machen.

Diese Art der Aufklärung ist nicht geeignet, Kinder vor sexuellem Mißbrauch zu schützen. Statt Schutz der Kinder, bewirken diese Maßnahmen häufig das Gegenteil: eine diffuse Verängstigung, Hilflosigkeit, Unfähigkeit zum Widerstand.

Neben dieser Panik- und Angstmache vor dem „bösen Mann" wird in einem anderen Kontext der sexuelle Mißbrauch bagatellisiert: sexuelle Übergriffe von Jungen auf Mädchen. Die sexuellen Übergriffe von Jungen auf Mädchen sind bisher aus der vorbeugenden Erziehung gegen sexuellen Mißbrauch völlig ausgeklammert oder werden als alters- und geschlechtsspezifisch bedingte Rauferei abgetan. Wer kennt nicht die Schulhofspiele wie Po kneifen, Mädchenfangen, Französischfangen (fangen und küssen), sexistische Spiele und Gesten, symbolische Vergewaltigung, aufreißen der Umkleidekabinen u. a.?

Sie werden sicherlich entgegnen, die Mädchen spielen doch auch mit! Ja, aber die meisten Mädchen haben nicht gelernt, die Grenze eindeutig zu benennen, wo es bei ihnen kein Spiel mehr ist und sie sich verletzt fühlen. Die Jungen haben nicht gelernt, das „Nein" eines Mädchens zu akzeptieren.

2. Welche Möglichkeiten haben Kinder, sich gegen sexuellen Mißbrauch zu wehren?

Die Männer oder älteren Jungen, welche Mädchen/Jungen mißbrauchen, nutzen die immer noch vorherrschende Gehorsamkeitserziehung, verbunden mit dem natürlichen Geborgenheitsbedürfnis von Kindern, aus. Diese Erziehung führt bei den Kindern zu mangelndem körperlichen und psychischen Selbstvertrauen, sowie zu sexueller Unwissenheit. Mädchen sind durch ihre geschlechtsspezifische Sozialisation besonders davon betroffen. Sexueller Mißbrauch ist in erster Linie ein Machtmißbrauch, der sexuell ausagiert wird. Diese Differenzierung ist insofern wichtig, als sie uns die Möglichkeit bietet, andere Ansatzpunkte als das, für die meisten „peinliche", Thema Sexualität miteinzubeziehen. Im Rahmen einer allgemeinen emanzipatorischen Erziehung können wir die Widerstandsfähigkeit der Kinder gegen sexuellen Mißbrauch unterstützen und stärken.

Grundsätzliches Ziel vorbeugender Erziehung ist es nicht, Angst zu machen, sondern, vorhandene Stärken von Mädchen und Jungen auszubauen und zu sichern, ihnen zu vermitteln, daß sie ein Selbstbestimmungsrecht über ihren Körper haben und sich wehren dürfen, wenn dieses Recht verletzt wird.

Kinder – auch Säuglinge – wehren sich intuitiv – sie schreien, boxen, sagen „Nein", wenn sie gegen ihren Willen Körperkontakte oder Zärtlichkeiten austauschen sollen. Diese natürliche Stärke von Kindern wird häufig unbewußt von Erwachsenen gebrochen: „Gib der Oma einen Kuß, sonst ist sie traurig!"
Es ist sicherlich ein großer Unterschied, ob ein Mädchen oder Junge sexuell mißbraucht wird oder ob er/sie der Oma einen Kuß geben muß – jedoch die Strukturen sind ähnlich: nicht das Kind entscheidet über Austausch von Zärtlichkeiten, sondern Erwachsene, und das Kind trägt zusätzlich noch die Verantwortung dafür, daß die Oma traurig ist. Diese scheinbar minimalen Überschreitungen

des kindlichen Selbstbestimmungsrechts treten nicht nur im Machtgefälle zwischen Erwachsenen und Kindern auf, sondern setzen sich in der Kommunikation zwischen Mädchen und Jungen fort. Eine gängige Meinung ist: „Wenn ein Mädchen sagt, es will nicht geküßt oder gefangen werden, meint es eigentlich ‚Ja'." Aufgrund der geschlechtsspezifischen Sozialisation werden die persönlichen, emotionalen und körperlichen Grenzen von Mädchen weniger respektiert und geachtet. Hinzu kommt, daß Mädchen eher von Erwachsenen angehalten werden, Verwandten oder Freunden „Küsse" zu geben, Hände zu schütteln usw. und diese Aufforderungen schneller als Jungen akzeptieren.

3. Geschlechtsspezifische Sozialisation und sexueller Mißbrauch

Die Opfer des sexuellen Mißbrauchs sind nach dem heutigen Stand der Forschung überwiegend Mädchen, die Täter meistens Männer. Der geschlechtsspezifische Zusammenhang ist angesichts dieser Tatsachen offensichtlich, so daß auch präventive Maßnahmen diesen Sachverhalt berücksichtigen müssen. Der sexuelle Mißbrauch dient nicht primär der sexuellen Befriedigung, sondern der gezielten Durchsetzung von männlichem Macht- und Dominanzstreben. Mädchen sind innerhalb der bestehenden gesellschaftlichen Strukturen auf doppelte Weise betroffen: als Kind und als Mädchen. Zwar sind alle Kinder durch ihre soziale Stellung und ihre physische Unterlegenheit der elterlichen Gewalt, bzw. Erwachsenen gegenüber, relativ hilflos ausgeliefert, die weibliche Sozialisation fördert jedoch zusätzlich ein geringes Selbstwertgefühl und den Vertrauensverlust in die eigene Stärke und die eigene Widerstandskraft.

Die Erziehung ist heute in gewissem Maße weniger einengend und festgelegt als früher: die typische geschlechtsspezifische Sozialisation wird in der Öffentlichkeit kritisch diskutiert, Veränderungen werden angestrebt, unterstützt und allmählich praktiziert.

Faktisch unterstützt die Erziehung von Mädchen jedoch nach wie vor, daß Mädchen mehr Zurückhaltung üben, weniger eigene Impulse äußern, nicht lernen, ihre Interessen und Bedürfnisse zu vertreten und einzufordern, weniger Aufmerksamkeit fordern und ihren Körper weniger kennen als Jungen.

Mädchen unterdrücken häufig aggressive Impulse und äußern seltener offen Gefühle der Wut. Stattdessen werden sie angehalten, Verständnis zu haben und Verantwortung für andere zu übernehmen. Befriedigung und Selbstverständnis erfahren Mädchen hauptsächlich dadurch, daß sie innerhalb der Familie, aber auch in Erziehungs- und Bildungseinrichtungen, verfügbar und angepaßt sind (auf Geschwister aufpassen, gut in der Schule sein, Mitschülern helfen, im Haushalt helfen, freundlich sein usw.).

Durch diese Erziehungsziele sind Mädchen der Gefahr ausgesetzt, eher Opfer von sexuellem Mißbrauch zu werden als Jungen. Das Fehlen der Fähigkeit, Wut zu empfinden und Neinsagen zu können, macht Mädchen in Verbindungen mit bestehenden Autoritäts- und Vertrauensverhältnissen besonders hilflos. Eine wirksame Abwehr des sexuellen Mißbrauchs wird somit geradezu unmöglich.

Um Mädchen vor sexuellem Mißbrauch schützen zu können, ist es daher notwendig, im Alltag bewußt dieser geschlechtsspezifischen Sozialisation entgegenzuwirken.

Mädchen sollten akzeptiert und ggf. unterstützt werden, wenn
- sie nicht selbstgewollte Verantwortung und Verständnis für andere übernehmen
- sie ihre Bedürfnisse äußern
- sie eigene Gefühle vertreten und durchsetzen
- sie Gefühle der Wut und Aggression äußern
- sie sich mit ihrer Körperkraft wehren.

Jungen sollten akzeptiert und unterstützt werden, wenn
- sie anderen helfen oder Verständnis und Verantwortung für andere übernehmen
- sie Gefühle von Schwäche äußern
- sie Bedürfnisse ohne Wut und Aggressionen äußern
- sie ihre Interessen und Bedürfnisse mit dem sozialen Kontext abstimmen.

Buchtip

Um das Thema Wut, Selbstbehauptung, sowie selbstbestimmtes soziales Engagement bei Mädchen im Unterricht zu thematisieren, ist ein Buch von Miriam Pressler zu empfehlen. Ihr Buch „Katharina und so weiter" zeigt anschaulich auf, wie Mädchen ihr körperliches Selbstbestimmungsrecht verteidigen, Wut äußern können, ohne ihr soziales Verhalten aufgeben zu müssen. In dem Buch werden außerdem zahlreiche andere soziale Probleme angesprochen: alleinstehende Mütter, Probleme alter Menschen, Wohnungsnot.

Dieses Buch sollte zu einer Pflichtlektüre ab der 2. Klasse gehören, nicht nur wegen der Unterhosengeschichte:

„In diesem Moment kommen Berti und Horst angelaufen. ‚Hallo Bohnenstange', ruft Berti und hebt Inga den Rock hoch. Horst lacht laut: ‚Sie hat blaue Unterhosen an. Schon die dritte Blaue heute.' Inga wird rot und reißt sich los. Katharina wird auch rot. Vor Wut.

Sie geht mit den Fäusten auf Berti los. ‚Du blöder Depp, du Blöder‘, schreit sie laut. ‚Dir zeig ich's!‘ Berti will sie abschütteln, aber sie drischt wild auf ihn ein. (...) ‚Hör auf‘, sagt Berti. ‚Ich kann doch keine kleinen Mädchen hauen.‘ ‚Aber den Rockhochheben schon!‘ schreit Katharina. Berti erwischt ihren Arm und hält sie fest. ‚Hör auf, verdammt noch mal!‘

Katharina tritt nach ihm und beißt ihm in die Hand. ‚Au!‘ schreit Berti und läßt sie los." (S. 82)

An einer anderen Stelle des Buches wird auch deutlich aufgezeigt, wie sich Mädchen gegen „die kleinen Übergriffe" auf ihr körperliches Selbstbestimmungsrecht im Alltag wehren können:

„‚Na, Kleine, jetzt kann man da nicht mehr raufklettern, was?‘ fragt ein Mann und tätschelt den Kopf. Katharina weicht aus. ‚Finger weg!‘ sagt sie, ‚das mag ich nicht. Einfach anfassen! Ich bin doch keine Tomate auf dem Obstmarkt.‘" (S. 45)

4. Grundlegende Prinzipien präventiver Arbeit in der Grundschule

Wie kann die vorbeugende Arbeit gegen sexuellen Mißbrauch in den Unterricht der Primarstufe einbezogen werden?

Zunächst liegt der Gedanke nahe, daß sich dieses Thema der Sexualerziehung unterordnet. Der Präventionsgedanke setzt jedoch schon früher an, und zwar unmittelbar im Kontext allgemeiner gesellschaftlicher und sozialer Bezugssysteme. Präventionsarbeit ist somit Bestandteil des Sachkundeunterrichts oder kann integrativ dem Deutsch- und Religionsunterricht zugeordnet, sowie in den Sport- und Musikunterricht einbezogen werden.

Aktive und passive körperliche und emotionale Kontakte unterschiedlicher Intensität sind grundlegende menschliche Kommunikationsmittel in unserer Gesellschaft. Einem emanzipatorisch ausgerichtetem Unterricht kommt hier allgemein die Aufgabe zu, die Schülerinnen und Schüler zu selbstbestimmten, aber auch verantwortungsvollem Umgang mit körperlichen Kontakten, sowie Gefühlen und Bedürfnissen zu erziehen, bzw. diese zu unterstützen. Die Schule kann für die Schülerinnen und Schüler einen Raum bieten, ein ehrliches Selbstverständnis gegenüber dem eigenen Körper und ihren eigenen Gefühlen aufzubauen, zu verteidigen und die Grenzen anderer zu akzeptieren. Grundlage dieser Zielsetzung ist, daß die Schülerinnen und Schüler die Bedeutung und Funktion eines positiven körperlichen Selbstwertgefühls erkennen. Sie sollen Möglichkeiten der Durchsetzung ihrer emotionalen und körperlichen Integrität sehen und entwickeln lernen, und es soll bewußt gemacht werden, daß das Vertrauen in die eigenen Gefühle wichtig für den Aufbau emotionaler Kontakte ist.

Zur praktischen Realisierung dieser allgemeinen curricularen Zielsetzung ist es sinnvoll, (in Anlehnung an amerikanischen Präventionsgedanken), Materialien zu entwickeln, die einmal das Machtgefälle zwischen Erwachsenen bzw. Männern und Kindern aufzeigen und zum anderen geschlechtsspezifische Umgangsformen berücksichtigen.

Exkurs: Präventionsprogramme in den USA

In den USA werden seit ungefähr 12 Jahren Präventionsmaßnahmen gegen sexuellen Mißbrauch an Mädchen und Jungen durchgeführt. Das bekannteste Präventionsprogramm heißt Child Assault Prevention Project (CAPP). Heute gibt es noch viele weitere Präventionsprogramme (z. B. No more secrets) in den USA, die alle den Grundgedanken haben, vorhandene Stärken von Kindern auszubauen, damit sich die Kinder aus eigener Kraft gegen sexuellen Mißbrauch wehren können.

Die Kinder sollen lernen, ihre Gefühle zu erkennen und zu artikulieren, ihre emotionalen Grenzen anderen gegenüber zu verbalisieren und zu verteidigen, sowie die persönlichen Grenzen anderer zu achten und zu respektieren. Grundsätzliches Ziel ist es, nicht Angst zu erzeugen, sondern die Kinder zu stärken, indem sie lernen, ihr Recht auf Selbstbestimmung wahrzunehmen. Der Slogan des CAPP-Programms lautet entsprechend „safe, strong and free". Den Kindern wird konkret vermittelt, daß sie das Recht haben „Nein" zu sagen, wenn Erwachsene oder Kinder aktive und passive körperliche Berührungen einfordern. Sie dürfen sich wehren, sowie Schutz und Hilfe von Erwachsenen und Kindern einfordern.

Diese Inhalte werden den Kindern meistens in Form von Rollenspielen vermittelt.

Die durchgeführten Präventionsprogramme sind vom formalen Aufbau her ähnlich:
- Sie werden gemeindeweit durchgeführt (Schule, Kindergarten usw.).
- Ein ausgebildetes TrainerInnenteam geht in die Institutionen.
- Es handelt sich um Workshops von 1–2 Stunden. Bevor der eigentliche Kinderworkshop stattfindet, wird je ein Workshop für LehrerInnen/ErzieherInnen und Eltern durchgeführt.
- Einsatz von Rollenspielen, mit der Funktion des Empowerings, d. h. die Kinder spielen nur die starken Rollen, die TrainerInnen die schwachen Rollen und die Täter.
- Die Kinder-/Jugendworkshops sind nach Alter und kulturellen Gesichtspunkten differenziert.
- Die Jugendworkshops sind zusätzlich geschlechtsspezifisch differenziert.
- Das gesamte Trainingsprogramm wird ungefähr alle 2 Jahre wiederholt, bzw. weitergeführt.

Um diese allgemeine Struktur zu veranschaulichen, werden die drei Rollenspiele, die bei Kindern im Grundschulalter eingesetzt werden, kurz skizziert:

Großes Kind erpreßt kleines Kind

Ein älterer Junge trifft ein kleineres Mädchen auf dem Schulweg. Er verlangt von ihr, daß sie ihm ihr Pausengeld gibt und droht ihr, sie zu verhauen. Das Mädchen gibt das Pausengeld. Am nächsten Tag will er wieder das Pausengeld von ihr, und er befiehlt ihr zusätzlich, daß sie mit niemandem darüber reden darf. Er erklärt ihr, daß sie jetzt immer ihr Pausengeld geben soll und daß das jetzt ihr besonderes Geheimnis sei.

Die TrainerInnen spielen das Rollenspiel vor und befragen anschließend die Klasse: Wie hat sich das Mädchen gefühlt? Was kann sie tun? Die Kinder benennen gemeinsam verschiedene Handlungsstrategien, wie z. B. FreundInnen mitnehmen und „Nein" sagen, und wenn das nichts hilft, es der Lehrerin oder den Eltern sagen.

Anschließend spielen die Kinder die Rollen, wie sie sich gegen den großen Jungen wehren können. Die Trainerin spielt den Jungen.

Fremdtäter

Nach der Schule kommt ein fremder Mann vorbei und fragt einen Jungen, wie er heißt. Der Junge antwortet, und der Mann erzählt ihm, daß seine Mutter im Krankenhaus liegt. Der Mann fordert den Jungen auf, ins Auto zu steigen und sagt ihm, er wolle ihn zur Mutter ins Krankenhaus fahren.

Die Kinder überlegen ebenfalls verschiedene Widerstandsstrategien. Die TrainerIn gibt weitere Tips: Wenn der Mann euch z. B. am Arm packt, tretet ihm ans Schienbein, schreit laut und lauft an einen anderen Ort. Die TrainerInnen üben mit den Kindern konkret einen Selbstverteidigungsschrei, und sie lernen, wie sie sich die Gesamterscheinung des Täters einprägen, um ihn bei einer Anzeige beschreiben zu können. Diese Widerstandsstrategien spielen die Kinder anschließend im Rollenspiel.

Sexueller Mißbrauch im sozialen Nahbereich

Vor dem Rollenspiel informieren die TrainerInnen sensibel über das Thema. Dann führen sie das Rollenspiel vor: Ein Mädchen schaut zu Hause fern. Ihr Onkel kommt ins Zimmer und will sie küssen. Das Mädchen läßt es über sich ergehen, fühlt sich aber sichtlich unwohl. Anschließend sagt der Onkel: „Erzähl das keinem weiter, ich schenke Dir auch ein E. T.-T-Shirt!" Die TrainerInnen erarbeiten mit den Kindern verschiedene Widerstandsstrategien (Neinsagen, weglaufen, weitererzählen, Hilfe holen usw.). Wichtig ist dabei, daß die TrainerInnen herausarbeiten, daß das Mädchen keine Schuld hat. Zum Schluß wird das Rollenspiel mit den entsprechenden Widerstandsstrategien wiederholt.

Zur Vertiefung der Inhalte des Workshops gibt es Faltblätter und weiterführende Literatur für Kinder, Eltern und Lehrer.

Derartige Präventionsprogramme existieren bei uns noch nicht, und die amerikanischen Programme sind ohne Überarbeitung und Umstrukturierung auf bundesdeutsche Verhältnisse nicht übertragbar. Im Gegensatz zur empiristisch, positivistischen Pädagogik in den USA, ist bei uns die Pädagogik primär geisteswissenschaftlich orientiert und Prävention entsprechend nur als curricular integrierter Bestandteil praktikabel. Die TrainerInnen in den USA haben alle grundlegende Kenntnisse in der Krisenintervention bei sexuellem Mißbrauch. Die aufgedeckten Fälle können an spezielle Beratungsstellen und soziale Dienste weitergeleitet und entsprechend intensiv und qualitativ gut betreut werden. In der Bundesrepublik Deutschland entwickelt sich in der Öffentlichkeit erst zögernd ein Problembewußtsein zu der Thematik. Es gibt nur wenige, meist auf ehrenamtlicher Basis arbeitende Beratungsstellen (s. Adressenliste im Anhang).

Dennoch sind die bestehenden Beratungsmöglichkeiten und die wenigen MitarbeiterInnen, die in den Institutionen der Kinder- und Jugendhilfe sowie des Allgemeinen Sozialen Dienstes arbeiten, eine Basis, um auch bei uns mit gezielten vorbeugenden Maßnahmen gegen sexuellen Mißbrauch zu beginnen. Die Grundgedanken amerikanischer Prävention bieten dazu eine nützliche Hilfe.

Grundstrukturen präventiver Arbeit

Körperliches Selbstbestimmungsrecht

Die Verletzung des körperlichen Selbstbestimmungsrechts des Kindes fängt da an, wo über den Körper des Kindes gegen dessen Willen verfügt wird. Kinder können nur lernen ihr körperliches Selbstbestimmungsrecht auszuüben, wenn sie lernen, daß ihr Körper einzigartig, wichtig und liebenswert ist. Nur die Entwicklung eines positiven Körpergefühls ermöglicht eine Gegenwehr: Kinder, die stolz auf ihren Körper sind, haben viel mehr Anlaß, diesen zu verteidigen und zu schützen. Neben dem Elternhaus kann auch hier die Schule den Erziehungsprozeß zu einem positiven körperlichen Selbstwertgefühl unterstützen, indem gezielt entsprechende Materialien im Unterricht besprochen werden (s. Materialteil).

In vielen Städten bieten speziell ausgebildete Trainerinnen Selbstverteidigungskurse für Mädchen ab ungefähr 8 Jahren an. Auch im Rahmen der Schule können in Zusammenarbeit mit der Elternvertretung Selbstverteidigungskurse angeboten werden. Die Adressen von Trainerinnen erfahren sie bei Anlaufstellen für sexuell mißbrauchte Kinder (s. Anhang), Notrufen für vergewaltigte Frauen und/oder Gleichstellungsstellen.

Im Gegensatz zu Selbstverteidigungskursen, die von der Polizei, Sportvereinen usw. angeboten werden, beinhalten diese Kurse neben dem Erlernen von Kampftechniken, die psychologische und pädagogische Unterstützung des Selbstwertgefühls der Mädchen. Sie werden hier nicht als Opfer angesprochen, vielmehr steht die Stärke und die Widerstandskraft der Mädchen im Vordergrund. Aufgrund der geschlechtsspezifischen Sozialisation (S. 84 ff.), verlieren Mädchen häufig ein Gefühl dafür, eigene Aggressionen wahrzunehmen, auszudrücken und einen adäquaten Umgang mit ihnen zu erlernen. Entsprechend haben Mädchen mehr Schwierigkeiten als Jungen eigene Grenzen wahrzunehmen, zu benennen und zu verteidigen (s. Rollenspiel S. 144 „Ich sage ‚Nein‘ – und keiner hört mich"). In den Selbstverteidigungskursen werden die Mädchen durch Rollenspiele sensibilisiert, ihre Gefühlswahrnehmung für Grenzen auszudrücken und Aggressionen zur Verteidigung dieser persönlichen Sphäre adäquat einzusetzen. Es werden zusätzlich sinnvolle Kampftechniken eingeübt, die es ihnen ermöglichen, sich gegenüber Jungen und Männern wirkungsvoll zu wehren. Ein Selbstverteidigungskurs bietet sicherlich nicht die Garantie, vor sexuellen Übergriffen geschützt zu sein. Das Selbstwertgefühl der

Mädchen wird jedoch gestärkt und unterstützt – erfahrungsgemäß sind sie deshalb weniger gefährdet, Opfer eines sexuellen Mißbrauchs zu werden. Grundlegende Elemente von Selbstverteidigungskursen können im Sportunterricht integriert werden: so dienen z. B. Ringkämpfe mit entsprechenden Regeln dem Ausprobieren und Ausagieren von Kräften und Aggressionen. Mädchen können in diesem Schutzraum ihre körperliche Kraft und ihre Aggressionen kennenlernen, erleben und ausprobieren. Es gibt auch Angebote für Lehrerinnen im Rahmen von Fort- und Ausbildungsmaßnahmen, Selbstverteidigung für Mädchen zu erlernen.

Gefühlswahrnehmungen fördern und unterstützen

Mädchen und Jungen in der Grundschule haben in der Regel kaum ein verbales Gerüst, um Gefühle zu benennen. Dieses Defizit ist keineswegs altersbedingt, sondern ist darin begründet, daß „Gefühle" meistens weder im Elternhaus noch in der Grundschule ein Thema sind. Erwachsenen fällt es schwer, über Gefühle zu sprechen – noch schwieriger fällt es ihnen, mit Kindern darüber zu reden. Eine wesentliche Hilfe, um diese Sprachlosigkeit zu überwinden, bietet das Buch „Gefühle sind wie Farben" (s. Literaturliste). In dem Sammelband „Sag Nein" von Gisela Braun sind außerdem zahlreiche Spielanregungen und Lieder, die das Thema „Gefühle" aufgreifen.

Ein sehr schönes Lied, das sowohl Gefühle benennt, als auch den SchülerInnen die Möglichkeit gibt, mit ihrer Körpersprache diese Gefühle auszudrücken, ist das Lied „Wenn du glücklich bist" (s. Materialteil). Dieses Lied läßt sich unproblematisch in den Grundschulalltag einbeziehen.

Im herkömmlichen Deutsch-, Sachkunde- und Religionsunterricht finden wir auch viele Texte und Bilder, die Aussagen über Gefühle und Gefühlswahrnehmungen enthalten. Diese Tatsache ermöglicht es LehrerInnen, die vorhandenen Texte, Bilder und anderen Materialien kritisch unter der Berücksichtigung des Themas „Gefühle" zu betrachten und gezielt unter der Fragestellung der Gefühlswahrnehmung, sowie der Durchsetzung eigener emotionaler Bedürfnisse und Grenzen in die Unterrichtsarbeit miteinzubeziehen.

Ergänzend bieten sich hierzu Rollenspiele an, in denen die

SchülerInnen lernen, wie sie Gefühle ausdrücken, wie sie damit umgehen und wie sie die Gefühle anderer achten, bzw. übergehen (s. Rollenspielanregungen).

Gefühle ausdrücken und emotionale Grenzen benennen

Kinder, die lernen, positive und negative Formen körperlicher und emotionaler Kontakte zu benennen, entwickeln auch ein stabiles Vertrauen in die eigene Gefühlswahrnehmung. Dieses Vertrauen bietet den Kindern eine Grundlage, um körperliche und emotionale Kontakte, die ihnen gefallen, bewußt anzunehmen oder einzufordern. Kontakte, die sie nicht mögen, die verwirren oder die sie komisch finden, können sie bewußt wahrnehmen, erkennen und sanktionieren. Kinder mit einem ausgeprägten Vertrauen in ihre Gefühle werden eher in der Lage sein, ein Gespür dafür zu entwickkeln, wann eine sexuelle Mißbrauchshandlung beginnt und wie sie sich wehren können. Sie lassen sich weniger einreden, sie hätten es doch gewollt.

Im Erziehungsalltag sagen oft Eltern zu ihren Kindern:
Das Essen schmeckt gut – iß!
Der Pullover kratzt nicht – zieh ihn an!

oder LehrerInnen zu ihren SchülerInnen
Bleib neben Peter sitzen – der ist doch nett!
Karin, Peter hat Dich doch nicht so fest gehauen – stell Dich nicht so an!

Hier handelt es sich um alltägliche intuitive Aussprüche, die den Kindern jedoch vermitteln, daß sie ihren eigenen Gefühlen nicht vertrauen dürfen, diese unrichtig sind. Inhaltlich sind diese Einschränkungen im Erziehungsalltag zwar teilweise notwendig, jedoch sollten sie immer damit verbunden sein, dem Kind/der SchülerIn seine Gefühlswahrnehmungen zu bestätigen und ihm/ihr zu signalisieren, daß es/er ernstgenommen und respektiert wird. Praktisch bedeutet dies für den Umgang mit den SchülerInnen in solchen oder ähnlichen Situationen, daß wir ihnen erst zuhören, ihre Gefühle ernstnehmen und unsere pädagogische Intervention, falls es sich um eine Grenzüberschreitung der Gefühle der SchülerIn handelt, benennen und unseren eigenen Standpunkt transparent machen.

Bei eindeutig sexuellen Übergriffen, die meistens zwischen Jungen und Mädchen, vereinzelt auch zwischen Jungen und Jungen (z. B. Hodenpitschen) vorkommen, reicht es nicht aus, das Mädchen, bzw. den Jungen in ihrer/seiner Gefühlswahrnehmung zu bestätigen, sondern hier ist es wichtig, dem Mädchen/Jungen eine parteiliche Unterstützung anzubieten und dem betroffenen Mädchen/Jungen entweder eigene Widerstandsmöglichkeiten aufzuzeigen oder die vorhandenen Widerstandsformen zu unterstützen.

Solche oder ähnliche Schulhofsituationen können im Klassenverband aufgegriffen oder diskutiert werden (s. Materialteil). Zusätzlich bietet sich an, in geschlechtsspezifisch getrennten Gruppen den Jungen und Mädchen ihr internalisiertes, geschlechtsspezifisches Verhalten durch Rollenspiele transparent zu machen und entsprechende alternative Strategien für Mädchen und Jungen zu entwikkeln (s. Rollenspielanregungen).

Mädchen und Jungen, die ein ausgeprägtes Selbstvertrauen in ihre eigene Gefühlswahrnehmung haben, und die als Persönlichkeit ernst genommen werden, lassen sich auch nicht so leicht zu sexuellen Handlungen überreden, die sie nicht wollen.

Unmittelbar verbunden mit der selbstbewußten Gefühlswahrnehmung des Kindes ist die Überwindung der Sprachlosigkeit, über schöne und unangenehme Gefühle zu sprechen. Den Kindern können hier Hilfen angeboten werden: Es gibt Berührungen, die uns gefallen, wie die, von der Mutter oder dem Vater in den Arm genommen zu werden oder mit ihnen zu kuscheln. Diese Gefühle können wir Ja-Gefühle nennen. Es gibt aber auch Berührungen, die uns nicht gefallen oder die wir komisch finden, wie die einer zu festen Umarmung, angefaßt zu werden, ohne daß du es willst, kitzeln, hauen, treten usw. Das sind Nein-Gefühle.

Bei dem Thema „Ja- und Nein-Gefühle" ist es wichtig, den SchülerInnen zu vermitteln, daß sie alle Berührungen, die Nein-Gefühle auslösen oder für sie komisch sind, unabhängig davon, ob Vater, Mutter, Kind oder ein Fremder sie verursachen, ablehnen dürfen, indem sie sich wehren oder Hilfe holen (s. Materialteil).

5. Widerstandsmöglichkeiten von Kindern – Kinder können sich wehren

„Nein sagen"

Mädchen und Jungen können sich nur gegen den sexuellen Miß-brauch wehren, indem sie „Nein" sagen. Wenn Kinder nicht im Erziehungsalltag die Erfahrung machen können, daß es möglich ist, „Nein" zu sagen, ohne die Zuwendung und Liebe anderer zu ver-lieren, wird es ihnen auch schwerfallen, „Nein" zu sagen, wenn sie sexuell mißbraucht werden.

Alle Mädchen und Jungen sollten darüber informiert werden, daß sie ein Recht auf körperliche Selbstbestimmung haben und sich wehren dürfen, wenn dieses verletzt wird. So sollte das Thema im Sachkundeunterricht „Kinderrechte" (s. Materialteil) nicht fehlen. Anhand der Kinderrechte (vielleicht im Vergleich mit den UNO-Kinderrechten) können konkrete Alltagssituationen besprochen und überlegt werden, wann und wie diese Rechte überschritten werden und welche Möglichkeiten Kinder haben, sich zu wehren (s. Kapitel „Hilfe holen"). Besonders für Kinder, die in ihrem Selbst-bestimmungsrecht stark eingeschränkt werden, ist diese Informa-tion sehr wichtig. Sicherlich können durch diese Informationen autoritäre Familienstrukturen nicht verändert werden, jedoch kön-nen die Kinder diese Einschränkungen durch die Eltern als Unrecht wahrnehmen. Sie werden ermutigt, individuelle Strategien zur Ver-teidigung ihres Selbstbestimmungsrechts zu suchen – die elterliche Autorität wird infrage gestellt.

Die Schule kann auf die elterliche Erziehung nur begrenzt Einfluß nehmen. LehrerInnen können jedoch durch eigenes Verhalten in der Interaktion mit den SchülerInnen vermitteln, daß sie das „Nein" der Kinder ernstnehmen und daß sie anstreben, daß auch die per-sönlichen Grenzen der MitschülerInnen akzeptiert und geachtet werden, ebenso wie die Grenzen und Sachzwänge der LehrerIn. Für

Mädchen und Jungen, deren persönliche Grenzen immer wieder durch die Eltern überschritten werden, die ein geringes Selbstbewußtsein entwickeln und nicht „Nein" sagen können, ist es wichtig, eine andere Realität zu erleben. Die Schule kann für diese Kinder einerseits einen Schonraum und andererseits eine alternative Selbstverwirklichungsmöglichkeit bieten.

Bei vielen LehrerInnen werden diese Aussagen sicherlich auf völlige Ablehnung stoßen, mit der Begründung, wenn ich Themen anspreche, die so direkt die elterliche Autorität infrage stellen, bringe ich die Kinder in unlösbare Konflikte, oder die Eltern gehen auf die „Barrikaden". Diese Angst kann verringert und abgebaut werden, indem Sie einen Elternabend zur Prävention gegen sexuellen Mißbrauch in ihrer Klasse durchführen lassen (s. Materialteil und Adressenliste). Hier wird den Eltern von „außen" die Bedeutung des „Nein Sagens" für die Vorbeugung gegen sexuellen Mißbrauch verdeutlicht. Nach meiner Erfahrung mit Elternabenden zu diesem Thema, haben Mütter (vereinzelt waren auch Väter anwesend) eine erstaunliche Bereitschaft, ihre Erziehung infrage zu stellen und zu verändern, wenn sie dadurch dazu beitragen können, ihre Kinder vor sexuellem Mißbrauch zu schützen.

Ein weiteres Faktum sollte ermutigen, das Thema „Nein sagen" zum Bestandteil des Unterrichts werden zu lassen:

Viele erwachsene Frauen sagen, wenn man sie fragt, wie hast du es geschafft, trotz deines Elternhauses so zu werden, wie du jetzt bist: Meine LehrerIn, die hat mir etwas anderes/viel vermittelt, mich akzeptiert und respektiert. Sie hat mir Mut gemacht und andere Informationen gegeben als meine Eltern.

Solidarisches Handeln einfordern und unterstützen – sich „Hilfe holen"

Kinder, insbesondere Mädchen, stoßen bei der Durchsetzung ihres Selbstbestimmungsrechts aufgrund ihrer körperlichen Unterlegenheit und geringen Anerkennung auf Grenzen: Ihr „Nein" wird nicht ernstgenommen, ihnen wird nicht geglaubt. Sie fühlen sich hilflos und alleingelassen.

Wir sollten Kinder im Unterricht darüber bewußt informieren, daß es für jeden, auch für Erwachsene, Situationen gibt, wo wir Hilfe brauchen. Es bieten sich hier völlig unterschiedliche Situationen an,

wie das Thema „Hilfe holen" unproblematisch in den Unterricht integriert werden kann:
- Schlüssel vergessen und meine Eltern sind nicht zu Hause
- schlechte Noten
- meine Eltern haben mich ungerecht ausgeschimpft
- Angst vor Mitschülern, weil sie mich verhauen und ich es nicht erzählen darf
- ich habe eine wertvolle Vase kaputt gemacht.

Mit den SchülerInnen kann anhand dieser verschiedenen Situationen (s. Materialteil) erarbeitet werden, daß sie ein Recht haben, sich Hilfe zu holen, und welche Handlungsmöglichkeiten sie haben, um dieses Recht zu verwirklichen. Rollenspiele eignen sich besonders, um diese Thematik zu vertiefen und den Kindern die Angst zu nehmen, Hilfe einzufordern. In diesem Zusammenhang sollten die SchülerInnen darüber informiert werden, daß es vielleicht Situationen gibt, in denen sie sich von keinem verstanden fühlen oder ihnen von niemanden geglaubt wird (s. Materialteil). Die Information über das Kinder- und Jugendtelefon vom Kinderschutzbund, bzw. über die Notdienste des Allgemeinen Sozialen Dienstes, sollten hier nicht fehlen. Diese Anlaufstellen können vielleicht auch innerhalb des normalen Unterrichts, bzw. einer Projektwoche besucht werden. Mögliches Thema einer Unterrichtsreihe, bzw. Projektwoche lautet: Wo finde ich Hilfe? In diesem Zusammenhang können auch eine Beratungsstelle für sexuell mißbrauchte Mädchen (s. Adressenliste), Polizei, Erziehungsberatungsstelle usw. aufgesucht werden.

Kinder, die lernen, sich Hilfe zu holen, wenn sie sich unsicher oder nicht gut fühlen und die darin unterstützt werden, holen sich wahrscheinlich auch Hilfe, wenn sie sexuell mißbraucht werden.

Ein weiteres Thema, welches im Rahmen präventiver Erziehung im Unterricht präsent sein sollte, ist **„gute und schlechte" Geheimnisse.**

Gerade im Grundschulalter sind Geheimnisse und das Bewahren von Geheimnissen ein wichtiges Moment in der Ich-Identitätsentwicklung und bieten den Kindern eine Abgrenzung gegenüber der Erwachsenenwelt. Die Geheimnisse, die Kinder brauchen (Kindergeheimnisse, Streiche, Geschenke usw.) machen den Kindern Freude, und sie sind stolz darauf, wenn sie es schaffen, diese nicht zu verraten.

Geheimnisse können aber ebenso zu einer psychischen Belastung für Kinder werden: Manchmal nötigen Erwachsene durch ein Verbot oder ihr faktisches Verhalten Kinder dazu, etwas nicht weiterzuerzählen. In diesen Situationen fühlen sich Kinder häufig unwohl, unsicher oder bedroht. Nicht die Kinder entscheiden über das Geheimnis, sondern Erwachsene oder stärkere andere Kinder: Kinder tun etwas Verbotenes (z. B. Geld aus dem Portemonnaie nehmen) und erzählen, es soll nicht verraten werden, oder Erwachsene verlangen von den Kindern, bestimmte Sachen nicht weiterzuerzählen (z. B. die Oma soll nicht erfahren, daß über ihre Rente gesprochen worden ist). Verbotenes nicht erzählen zu dürfen, belastet die Kinder ebenso wie die Aufforderung der Oma „etwas Bestimmtes nicht zu erzählen". Diese Forderung ist für Kinder verwirrend und nicht einsichtig.

Hier ist es wichtig den Kindern zu vermitteln, daß sie ein Recht haben, Geheimnisse zu erzählen, die sie belasten. Denn wenn sie das Geheimnis erzählen, geht es ihnen besser. „Schlechte Geheimnisse" weiterzuerzählen, ist kein „Petzen", wo bewußt einer anderen Person Schaden zugefügt wird. An dieser Stelle ist ebenso wie beim Thema „Hilfe holen" die Überlegung von Bedeutung, wem ich ein „schlechtes Geheimnis" erzählen kann, und wo ich Unterstützung und Hilfe finde (s. Materialteil).

Gerade im Hinblick auf das Thema sexueller Mißbrauch ist es wichtig, mit den SchülerInnen zu erarbeiten, daß es sich um eine Erpressung handelt, wenn Erwachsene oder stärkere Kinder verlangen, etwas nicht weiterzuerzählen, bei dem es dem Kind schlecht geht, oder es sich unwohl fühlt. Auch Männer, die Kinder sexuell mißbrauchen, setzen das Kind mit dem sogenannten Geheimnis unter Druck und vermitteln dem Kind Schuldgefühle. Hieraus ergibt sich der Grundsatz: nicht das Kind petzt, wenn es ein Geheimnis verrät, sondern Erwachsene oder das stärkere Kind, erpressen das Kind, dem sie die Geheimniswahrung abverlangen.

Kindern kann nur glaubhaft vermittelt werden, daß sie jedes schlechte Geheimnis ohne Angst erzählen dürfen, wenn sie im Erziehungsalltag erleben, daß es möglich ist, darüber zu reden, ohne bestraft zu werden.

Kinder, die wissen, daß sie ein Recht haben, schlechte Geheimnisse zu erzählen, wissen, wo sie sich Hilfe holen können und werden auch eher von dem „Geheimnis" des sexuellen Mißbrauchs erzählen und Hilfe einfordern.

6. Sexueller Mißbrauch von Kindern und Sexualerziehung

Obwohl Prävention gegen sexuellen Mißbrauch nicht in erster Linie Sexualerziehung ist, ist der adäquate Umgang mit der Sexualerziehung eine weitere Grundlage, um Kinder vor sexuellem Mißbrauch schützen zu können.

Der Umgang mit Sexualität in der Familie und die Sexualerziehung im Elternhaus sind bedeutende Grundlagen vorbeugender Erziehung gegen sexuellen Mißbrauch. Eine innerfamiliäre Erziehung, die Raum läßt für das Erleben von Sinnlichkeit (gemeint ist hiermit eine Erziehung, die nicht einseitig kognitiv ausgerichtet ist), Zärtlichkeit und selbstbestimmter *kindlicher* Sexualität, fördert den verantwortungsvollen Umgang mit dem eigenen Körper und stärkt damit das Unrechtsempfinden und die Abwehrbereitschaft bei körperlichen und vor allen Dingen sexuellen Übergriffen. Kinder, die ihren Körper lustvoll bejahen, sind auch in der Lage, Nein zu sagen, wenn ihre Grenzen überschritten werden. Aber sog. antiautoritäre Erziehung, die vorgibt, Kinder zum „freien Umgang mit Sexualität" anzuleiten, ignoriert, daß Kinder *ihre* Sexualität selbst entdecken und entwickeln können. Das zwanghafte Erlernen von Erwachsenensexualität verhindert den offenen und kreativen Umgang mit dem eigenen Körper. Hingegen verhindert eine rigide, körperfeindliche Erziehung das Vertrauen in die Wahrnehmung des eigenen Körpers und begünstigt dadurch sexuelle Übergriffe.

Kinder können ihr Selbstbestimmungsrecht über ihren Körper nur ganzheitlich wahrnehmen, wenn sie auch ihren ganzen Körper kennen und Informationen über diesen Körper erhalten. Die Sexualerziehung in der Schule kann für viele Kinder die einzige Gelegenheit sein, bei der sie Informationen über den Intimbereich und deren Bedeutung für den Menschen erhalten. Hier ist es weitgehend unproblematisch, konkrete Informationen über den sexuellen Mißbrauch zu geben (s. Materialteil), da die Informationen über den sexuellen Mißbrauch den SchülerInnen gleichzeitig die Besonderheit ihres Intimbereiches verdeutlicht und das Recht auf die Verteidigung dieses Intimbereiches öffentlich gemacht werden kann.

Die Befürchtung, Kinder könnten durch diese Aufklärung Angst bekommen, geht davon aus, daß sie vorher noch nie etwas von Sexualität gehört haben. Kinder sind jedoch auf der Straße, auf dem Schulhof, durch die Medien permanent mit dem Thema Sexualität konfrontiert. Echte Aufklärung und die Möglichkeit, über Sexualität reden zu können, nimmt ihnen eher die Angst, als daß sie Angst erzeugt. In diesem Zusammenhang sollten Begriffe und Sprüche aus dem Bereich der Sexualität, die die Kinder z. B. in der Pause verwenden (z. B. schwule Sau, Ficker usw.) aufgegriffen und erklärt werden. Indem die LehrerIn die Begriffe erklärt und öffentlich macht, wird den Begriffen häufig schon die Brisanz und Wirkung, die sie in der Schulhofsituation haben, genommen.

Kinder verwenden im Alltag unterschiedliche Begriffe für die Sexualorgane und den Geschlechtsverkehr. Es gibt keine öffentliche Sexualsprache, da Sexualität nach wie vor ein Tabuthema ist. Sexualität wird nicht ausgesprochen, sondern in vielfältiger Weise umschrieben. Es gibt im Bereich der Sprache keine gesellschaftliche Einigung über die Wahl der Begriffe, außer in der Fachsprache. Die Sexualsprache reicht von „Verniedlichungen" bis hin zu einem extrem vulgären und ordinären Sprachgebrauch. Aufgrund der Tabuisierung der Sexualität finden wir in der Sexualsprache eine besonders ausgeprägte Abhängigkeit von Familienzugehörigkeit, Schicht und Generationen. Entsprechend sind die Reaktionen auf Begriffe der Sexualsprache völlig unterschiedlich: Wenn ein Kind auf dem Schulhof den Begriff „Schwanz" benutzt, wirkt der Begriff vulgär. Der gleiche Begriff kann in der Familie als „positiver" Begriff für Penis verwendet werden. Während der Begriff „schwule Sau" unter Jugendlichen ein fast „normaler" Begriff sein kann, wirkt er unter Erwachsenen extrem vulgär. Deshalb ist es wichtig, die Sexualsprache anderer Menschen nicht leichtfertig zu be- und verurteilen. In der Schulhofsituation wird zumeist eine vulgäre Sexualsprache verwendet. Vulgärsprache entsteht immer dann, wenn Menschen sich schwertun, Liebe und Zuwendung in Worte zu fassen und/oder ist Ausdruck von Aggressivität. Vulgarität überspielt Hemmungen und Gefühle von Verschämtheit, außerdem werden Gefühle von Wut und Ärger ausgedrückt. Aufgrund ihrer geschlechtsspezifischen Sozialisation (S. 84ff.) verwenden vor allem Jungen eine vulgäre Sexualsprache. Benutzen Kinder Ausdrücke aus dem Sexualbereich als Schimpf- und Fluchwörter, so ist nicht nur der Wortinhalt als solcher anzugehen und zu verwerfen, sondern auch die Ursachen des Konflikts zu berücksichtigen: Wenn ein Schüler einen anderen Jungen als „schwule Sau" betitelt, so wählt er ein sexualisiertes Schimpfwort, denkt dabei aber nicht, daß der Junge homosexuell sein könnte.

Wie kann ich vulgäre Sexualsprache im Unterricht aufgreifen?

Durch die Feststellung „Es gibt verschiedene Begriffe für ‚Penis' oder ‚Glied' – auf dem Schulhof höre ich ganz verschiedene Ausdrücke!" werden die Kinder motiviert, die verschiedenen Begriffe zu nennen. Alle bekannten Begriffe werden (z. B. an der Tafel) festgehalten. Bei dieser Erarbeitung werden Sie sicher zunächst mit „Lachen" aber auch Scheu konfrontiert. Je selbstverständlicher jedoch die Begriffe gesucht und gefunden werden, desto mehr wird sich die Situation beruhigen. Nachdem alle Begriffe gesammelt worden sind, ist es wichtig, den Kindern zu verdeutlichen, daß viele einen anderen Begriff für „Glied" oder „Penis" im Alltag verwenden. Die Gründe hierfür sind unterschiedlich. Einige möchten für sich einen schöneren Begriff als Glied/Penis verwenden, andere wollen mit den Begriffen verletzen und sich stark fühlen. Erwachsene verwenden manchmal andere Begriffe als Kinder und Jugendliche. So wirken manche Ausdrücke, die Kinder „normal" finden, auf Erwachsene verletzend. Anschließend haben die SchülerInnen die Möglichkeit, die erarbeiteten Begriffe zu unterscheiden nach „passende", „verletzende" Begriffe. Es wird sich herausstellen, daß die Grenzen zwischen beiden fließend sind und die Wirkung davon abhängt, in welchem Kontext sie verwendet werden. So kann „Pimmel" im häuslichen Kontext als normaler passender Begriff verwendet werden, während er z. B. auf dem Schulhof als Schimpfwort beleidigend wirkt. Jedes Kind hat ein Recht darauf, sich seinen eigenen Begriff für sein Geschlechtsorgan zu suchen, den es schön findet. Im Anschluß an diese Erarbeitung sollte die Unterscheidung erfolgen, daß es z. B. zu Hause oder bei Freunden o. K. ist, zum Penis „Pimmel" zu sagen (Privatsphäre), jedoch sollten in der Schule oder gegenüber Fremden die Begriffe „Glied" oder „Penis" (Fachsprache) verwendet werden.

Wenn man in der Familie zu seinem Hund „Wuschel" sagt, redet man meist gegenüber Fremden von „Hund".

Wie erkläre ich den SchülerInnen „Was ist sexueller Mißbrauch" – ein Beispiel

Es gibt Menschen, meistens Männer oder ältere Jungen, die ihre sexuellen Zärtlichkeiten nicht mit Erwachsenen austauschen, sondern mit Kindern sexuelle Spiele machen: sie fassen Mädchen/Jungen an

die Scheide/den Penis und wollen, daß die Mädchen/Jungen ihre Geschlechtsteile berühren, daran lecken oder sogar den Penis in die
Scheide stecken. Das können Fremde sein. Es sind aber oft auch
Menschen, denen Kinder vertrauen und die sie liebhaben (z. B. ein
Jugendleiter, Onkel, Freund der Familie usw.). Sie gehen dabei sehr
geschickt vor: spielen mit den Kindern und fassen sie dabei wie zufällig
an den Po, die Scheide/den Penis, versprechen Geschenke oder andere schöne Sachen wie z. B. ins Kino gehen. Manche drohen den
Kindern auch, daß sie ihnen weh tun würden, wenn sie das nicht machen. Alle verlangen anschließend von den Kindern, daß sie es nicht
weitererzählen sollen, es sei ihr Geheimnis. Die Täter vermitteln den
Kindern häufig, daß sie selber daran Schuld seien, weil sie mitgemacht
hätten.

Das stimmt nicht – kein Kind ist daran Schuld. Wenn Euch so etwas
oder ähnliches passiert, sprecht darüber mit einem Erwachsenen oder
einem Freund/einer Freundin, dem/der ihr vertraut.

Oft sind es eher persönliche Hemmnisse von LehrerInnen, die
daran hindern, „diese Begriffe" aufzugreifen und zu erklären, als
Probleme und Hemmnisse der SchülerInnen. Die SchülerInnen
nehmen sowohl die Erklärung von „Alltagsbegriffen" aus dem Sexualbereich, als auch die Information, was sexueller Mißbrauch ist,
selbstverständlicher entgegen, als wir annehmen. Echte Aufklärung
hilft den Kindern, Angst vor sexuellem Mißbrauch abzubauen und
entsprechende Widerstandsstrategien zu entwickeln.

Grundsätzlich kann die Entscheidung für oder gegen eine offene
Sexualerziehung nur jede einzelne Lehrerin/jeder einzelne Lehrer
treffen, bzw. ist sie/er abhängig von der Elternschaft. Die/der LehrerIn kann nur für sich selber prüfen, ob sie/er mit einer offenen
Sexualerziehung die eigenen persönlichen Grenzen bei dem Thema
überschreitet und entscheiden, ob sie/er sich in der Lage fühlt, diese
Inhalte den Eltern gegenüber durchzusetzen. Aufgrund der gesellschaftlichen Tabuisierung des Themas Sexualität und der konkreten
Schwierigkeiten, eine offene Sexualerziehung im Schulalltag durchzusetzen, werden sich sicherlich manche verständlicherweise auch
dagegen entscheiden. Aber vielleicht machen diese Hinweise auch
ein wenig Mut. In der kommentierten Literaturliste zur Präventionsarbeit finden Sie zahlreiche Materialien zur Sexualerziehung in
der Grundschule.

7. Strukturierung und Konzeption des Materialangebots

Die verschiedenen Materialien sprechen auf unterschiedlichen Abstraktionsebenen folgende Themen an: Gefühle und Bedürfnisse ausdrücken, emotionale Grenzen benennen, sowie das Recht auf körperliche Selbstbestimmung. Die Texte, Bilder und Rollenspielanregungen entstammen alle aus der unmittelbaren Lebenswirklichkeit der Kinder und berücksichtigen dabei die verschiedenen sozialen Bezüge. Bei der Auswahl des Materials ist es deshalb möglich, die unterschiedliche Sexualerziehung in Elternhaus und Schule zu berücksichtigen. Es sind kaum Begriffe oder Darstellungen verwendet worden, die sich direkt auf den Sexualbereich beziehen.

Die LehrerInnen können aufgrund dieser Struktur des Materialangebots eine Auswahl vornehmen, die ihren individuellen Bedürfnissen (Wo sind meine Grenzen? Was geht mir zu weit?), den konkreten sozio-kulturellen Voraussetzungen der Lerngruppe und den institutionellen Sachzwängen (Lehrplan, Stoffverteilung usw.) entspricht. Zusätzlich sind im allgemeinen Präventionsteil Anregungen und Tips gegeben, wie vorbeugende Arbeit gegen sexuellen Mißbrauch an Mädchen und Jungen ohne quantitative Erweiterung des Lernstoffs zum integralen Bestandteil des Grundschulunterrichts werden kann.

Der Materialteil bietet folgende Inhalte und entsprechende Abstraktionsebenen:
- Tiergeschichten (Wann mögen es Tiere, angefaßt zu werden, wann nicht? Wie wehren sie sich?)
- Passive und aktive körperliche Kontakte im familiären Kontext: Spannungsfeld Kind und Autoritätsperson (Welche Rechte haben Kinder gegenüber Erwachsenen?)
- Emotionale und körperliche Interaktion im Sozialverhalten der Kinder untereinander (Grenzen benennen, durchsetzen, überschreiten)
- Umgang mit geschlechtsstereotypen Verhaltensmustern

– Welche Möglichkeiten haben Kinder, wenn sie sich von Erwachsenen oder/und Kindern nicht verstanden, sich ungerecht behandelt, hilflos und allein fühlen?
– Welche Möglichkeiten haben Kinder im Umgang mit „guten" und „schlechten" Geheimnissen?
– Geschichte zum Exhibitionismus
Die Reaktionen auf den Exhibitionismus sind abhängig von der Sexualerziehung und reichen deshalb von einem Belächeln bis zum ernstzunehmenden Trauma. Um sich adäquat mit dem Thema auseinanderzusetzen, ist es notwendig, den Exhibitionismus aus der Tabuzone herauszunehmen. Das Fallbeispiel ist so konstruiert, daß es die unterschiedliche Sexualerziehung im Elternhaus berücksichtigt (keine Begriffe, die direkt aus dem Sexualbereich stammen). Die Geschichte kann im Klassenverband offen diskutiert werden. Hier ist es wichtig, den SchülerInnen zu erklären, daß Exhibitionisten (Gliedvorzeiger) in der Regel ungefährlich sind, die SchülerInnen sich jedoch Hilfe holen dürfen, wenn sie Angst haben, es widerlich finden.
– Sachtext: Deine Gefühle, Dein Körper – Du allein bestimmst!
– Kinderrechte
– Infoblatt zum Kinderschutzbund für Kinder über das Kinder- und Jugendtelefon

Hinweise zum Einsatz des Materials

Die LehrerInnen, die die Materialien im Unterricht einsetzen, sollten vorher anhand des psychologischen Teils des Buches über ihre eigenen Möglichkeiten und Grenzen bei dem Thema sexueller Mißbrauch nachdenken und schließlich erst als letzten Schritt eine Materialauswahl treffen. Diese Grundlage ermöglicht es jeder einzelnen Lehrerin oder jedem einzelnen Lehrer, eine adäquate Auswahl zu treffen, ohne sich einer Überforderung im präventiven oder auch interventionellen Bereich (Prävention kann immer mit Intervention einhergehen) auszusetzen.

Zusätzlich ist es sinnvoll, daß vor dem Einsatz der Materialien ein Elternabend stattfindet: „Wie können wir unsere Kinder gegen sexuellen Mißbrauch schützen?" So können Mißverständnisse und Auseinandersetzungen mit den Eltern vermieden werden (z.B. Meine Tochter hat in der Schule gelernt, sie darf der Oma keinen Kuß mehr geben). Auf dem Elternabend kann den Eltern das Material vorgestellt und deren Intention transparent gemacht werden. In den meisten Fällen werden die Eltern den Einsatz des Materials akzeptieren. Der Elternabend kann in Zusammenarbeit mit Mitarbeiterinnen der Beratungsstellen gegen sexuellen Mißbrauch an Mädchen und Jungen (s. Adressenliste) geplant und durchgeführt werden. Die Beratungsstellen haben in der Regel Referentinnen für Elternabende zu diesem Thema.

Neben der Kenntnis des psychologischen Teils ist auch die juristische Information des Buches wichtig. Unabhängig davon, wie direkt das Thema sexueller Mißbrauch von Kindern angesprochen wird, kann die Präventionsarbeit in Ihrer Klasse mit der Aufdekkung konkreter Fälle verbunden sein: Selbst eine Tiergeschichte kann ein betroffenes Kind veranlassen, seinen Mißbrauch anzudeuten oder auszusprechen.

8. Präventionsmaterialien für die Grundschule

Bücher und Materialsammlungen

„Jenny sagt ‚Nein'"

Eine Broschüre der **Aktion Jugendschutz** (Landesarbeitsstelle Baden-Württemberg). Altersentsprechende Broschüre für GrundschülerInnen, Stuttgart 1990, DM 1,50. Bezugsadresse: Stafflenbergstr. 44, 70184 Stuttgart, Tel.: 0711/241591-92

Aliki: Gefühle sind wie Farben. Weinheim/Basel 1987, Beltz/Gelberg, 2. Auflage, 22,– DM

In Form eines Comics werden hier Gefühle wie Trauer, Wut, Freude, Neid, Solidarität usw. anhand verschiedener Situationen (Geburtstag, Wutanfall, Tod eines Mäuschens) dargestellt. Die Zeichnungen sind sehr anschaulich, die Texte kurz und ausdrucksvoll. Eine zu empfehlende Hilfe, um über das Thema Gefühle zu sprechen. Ab 7 J.

Braun, Gisela: Ich sag' Nein. Arbeitsmaterialien gegen sexuellen Mißbrauch an Mädchen und Jungen. Mülheim 1989, 24,– DM. Bestelladresse: Verlag Die Schulpraxis, Delle 47, 45468 Mülheim

Frau Braun hat hier verschiedene Lieder, Spiele, Reime und kurze Texte zusammengestellt, die sich für den Einsatz in Kindergarten und Grundschule eignen. Ergänzt werden die Materialien durch eine inhaltliche Einführung in die Thematik und durch grundlegende didaktische Hinweise zur Durchführung von Präventionsarbeit.

Anhand des Märchens von **Gebrüder Grimm:** Allerleirauh könnte das Thema Inzest angesprochen werden. In diesem Märchen beabsichtigt der König, seine Tochter zu heiraten. Die Prinzessin kann fliehen und schließlich nimmt das Märchen ein gutes Ende.

Grube, Irmin/**Wienneke**, Hein: Kinder sind Realisten. Präventive Arbeit zu sexuellem Mißbrauch. Praxisbericht über ein Modellprojekt in einer Hamburger Grundschulklasse. Zu beziehen: Kinderschutzbund Hamburg, Emilienstr. 78, 20259 Hamburg, Tel.: 040/4910001.
Gut strukturierte Informationen und Unterrichtsmaterialien.

Mebes, Marion: Kein Küßchen auf Kommando. Berlin 1988, Bezugsadresse: Donna Vita, Ruhnmark 11, 24975 Maasbüll b. Flensburg. 9,80 DM

Dies.: Kein Anfassen auf Kommando. Berlin 1990. 9,80 DM

Diese Hefte sind hervorragend illustriert, und der Text ist anschaulich. In der Grundschule sind der Text und die Bilder als Einheit oder als ergänzendes Material mit weiterführenden Texten einzusetzen. Ab 4 J.

Mebes, Marion: Katrins Geheimnis. Donna Vita, Berlin 1992.

Katrin und Nina sind zwei Freundinnen, sie sind 11 Jahre alt und verstehen sich sehr gut. Katrin wird von ihrem 17jährigen Bruder sexuell mißbraucht. Durch die Unterstützung ihrer Freundin Nina und Ninas Mutter, findet Katrin den Mut, über den sexuellen Mißbrauch durch ihren Bruder Frank zu sprechen.
Frau Mebes hat hier eine geeignete Geschichte geschrieben, um das Thema sexueller Mißbrauch an Kindern in der dritten und vierten Grundschulklasse zu veranschaulichen und besprechen zu können. Für den Einsatz im Unterricht ist es wichtig, daß sie sich vorher überlegen, ob sie mit der konkreten Benennung der Mißbrauchshandlung in diesem Buch (z.B. Penis anfassen) umgehen und entsprechende Fragen beantworten können. Eine vorherige Absprache mit den Eltern der SchülerInnen ist ebenfalls notwendig.

„Mein Körper gehört mir"

Ein Kinderbuch der **Pro Familia Darmstadt**. Bilderbuch zum Anmalen. Den Kindern wird aufgezeigt, daß sie bei ungewollten Berührungen das Recht haben, „Nein" zu sagen. Für GrundschülerInnen nur teilweise einzusetzen. Darmstadt 1990, DM 5,– Bezugsadresse: Pro Familia Vertriebsgesellschaft, Gutleutstr. 139, 60327 Frankfurt

Protective Behavior. Anti Victim Training for Children. Übersetzt und zu beziehen über **Schattenriß**, Bremerhavener Str. 90, 28219 Bremen

Hier wird das Thema „Hilfe holen" plakativ angesprochen. Jeweils auf der Rückseite sind entsprechende Handlungsstrategien aufgelistet. Es handelt sich um typisches behavioristisches amerikanisches Material, ist entsprechend nur begrenzt als Ergänzung zur Erstellung eigener Medien zu benutzen.

Wachter, Oralee: Heimlich ist mir unheimlich. Donna Vita, Berlin 1991.

In diesem Buch sind vier Geschichten, die die Überschreitung des kindlichen Selbstbestimmungsrechts über den eigenen Körper zum Thema haben. Dieses Thema wird auf unterschiedlichen Abstraktionsebenen, wie von der Ablehnung, vom Babysitter abgetrocknet zu werden, bis hin zu einer angedeuteten Mißbrauchssituation dargestellt. Das Thema sexueller Mißbrauch wird einfühlsam im Vorfeld oder aber direkt für Kinder verständlich angesprochen. Die Geschichten eignen sich auch zum Vorlesen, um anschließend in der Klasse darüber zu sprechen. Für Kinder ab 6 Jahren geeignet.

Präventionsmaterialien von **Zartbitter, Köln** (Plakate, Kinderbücher, etc.) sind im Volksblatt Verlag erschienen. Sie können dort ein ausführliches Prospekt anfordern: Volksblatt Verlag, Sachsenring 2–4, 50677 Köln, Tel.: 0221/317087.

Spiele

Mebes, Marion: Stück für Stück. Sicher, stark und selbstbewußt. Bestelladresse: Donna Vita, Ruhnmark 11, 24975 Maasbüll b. Flensburg, Tel.: 04634/1717, Telefax 04634/1702, 23,50 DM

Die Adressatinnengruppe dieses Würfel-Puzzlespiels mit Frage und Antwortkarten sind jugendliche Mädchen ab 13 Jahren. Eine Auswahl von Frage- und Antwortkarten sowie die Grundstruktur des Spiels kann auch bei 6–11jährigen Mädchen sinnvoll eingesetzt werden. So gibt es z. B. Fragekarten wie „Was wäre, wenn Dich am Telefon jemand nach Deinem Namen und Deiner Adresse fragt?" oder „Was wäre, wenn Dir jemand Geld anbietet, damit Du mit ihm seinen Hund suchen gehst, der weggelaufen ist?" Die Fragen lassen sich in der Regel nicht mit ja oder nein beantworten, sondern motivieren die Schülerinnen zur Reflexion und Diskussion.

Tausch, A.-M./**Langer**, I./**Köhler**, H./**Bödiker**, M.: Das Helferspiel. Was hilft mir und Dir in Angst und Schwierigkeiten? Ravensburg 43,50 DM

Das Spiel fördert das Selbstvertrauen, die Solidarität und die Lebenstüchtigkeit der Mädchen und Jungen. Durch den Einsatz von Erfahrung und Phantasie lernen die Kinder, Strategien zu entwickeln, um schwierige Probleme lösen zu können und Ängste abzubauen. Zusätzlich fördert das Spiel die sprachliche Entwicklung, indem die Kinder lernen, frei zu erzählen und anderen Mitspielern zuzuhören.

Das Spiel ist eigentlich als Kindergarten- und Vorschulprogramm konzipiert – jedoch ist es auch im 1. und 2. Schuljahr sinnvoll miteinzubeziehen.

Alter: 4–10 Jahre

Kritische Bücher zum Rollenverständnis von Mädchen und Jungen

Johnston-Phelps, Ethel (Hrsg.): Kati Knack-die-Nuß und andere Geschichten von schlauen Mädchen, Berlin 1987, Elefanten Press 14,80 DM. (vergriffen)

Johnston-Phelps, Ethel (Hrsg.): Die Riesin treibt Schabernack und noch mehr Märchen von mutigen Mädchen. Berlin 1988, Elefanten Press, 14,80 DM

Hier sind Märchen aus verschiedenen Ländern zusammengestellt, in denen Mädchen die mächtigen, schlauen und erfolgreichen Heldinnen sind. Die Identifikationsfiguren sind Mädchen oder Frauen, die stark sind. Die Geschichten lassen sich gut als Vorlesegeschichten im Unterricht einsetzen.

Pressler, Miriam: Katharina und so weiter. Weinheim/Basel, Beltz/Gelberg 1984/89. 9,80 DM

Katharina ist ein selbstbewußtes Mädchen, die auch Gefühle der Wut und Agression äußert, ohne ihr soziales Engagement aufzugeben. Im Buch sind zwei Situationen beschrieben, bei denen sie sich

erfolgreich gegen sexuelle Übergriffe (anfassen von einem Fremden, Rockhochheben auf dem Schulhof) wehrt. Das Buch greift
viele soziale Themen auf, wie alleinstehende Mütter, Leben in der
Wohngemeinschaft, Situation alter Menschen usw. Katharina handelt selbstbewußt, solidarisch und gefühlvoll. Ein empfehlenswer-
tes Buch, das auch Jungen gerne lesen. Das Buch hat Großdruck-
schrift und kann ab dem 2. Schuljahr als Klassenlektüre gelesen
werden.

Weitere Literaturangaben zum Thema:

Stadt Karlsruhe (Hrsg.): Doppelt so mutig und halb so stark. Rat-
geberin für mädchenfreundliche Bücher, Karlsruhe 1987

Stadt Karlsruhe (Hrsg.): Nun sei (k)ein liebes Mädchen..., Karlsruhe 1988. Zu bestellen über: Frauenbeauftragte der Stadt Karlsruhe, Postfach, Karlsruhe

Landkreis Hildesheim, Kreisbücherei u. Gleichstellungsstelle
(Hrsg.): Mädchen, die pfeifen...

Alle drei Broschüren sind kostenlos zu beziehen.

Literatur zur Sexualerziehung

Darüber spricht man doch nicht!

Hier werden Themen wie Liebe, Lust, „Kindermachen" und „Kin-
derkriegen", Scham und vieles mehr kindgerecht angesprochen.
Diese Materialmappe wurde in Anlehnung und Zusammenarbeit
mit dem Theater Rote Grütze entwickelt. Sie gibt vielfältige Anregungen, über das Thema Sexualität in Elternhaus, Schule und
Kindergarten zu sprechen.
   Bezugsadresse: Verlag an der Ruhr, Delle 47, 45468 Mülheim,
25,– DM

Freiarbeitskartei: Sexualerziehung

Es handelt sich hier um Spiele, Kreuzworträtsel, u. a. für SchülerInnen, sowie Materialien und Anregungen, die auch geeignet sind,

auf einem Elternabend Hemmungen und Ängste bei den Eltern spielerisch abzubauen. Die Kartei eignet sich für Kindergarten, Grund- und Sonderschule.

Bezugsadresse: Verlag an der Ruhr, Delle 47, 45468 Mülheim, 24,– DM

Fagerström, G./**Hansson,** G.: Peter, Ida und Minimum.
Es handelt sich um ein Aufklärungsbuch in Comicform, das in Bremen für das 4. Schuljahr genehmigt wurde. Körper, Sexualität und Liebe in und außerhalb der Familie werden anschaulich dargestellt. In diesem Kontext sind biologische Fakten wie Geschlechtsorgane, Geschlechtsverkehr, Schwangerschaft, Geburt und Verhütung eingebettet.

Herrath, Frank/**Sielert,** Uwe: Lisa & Jan. Ein Aufklärungsbuch für Kinder, Beltz Verlag, Weinheim 1991
Die Freundschaft von Jan und Lisa, beide 5 Jahre alt, bildet den Handlungsrahmen des Aufklärungsbuches. Sexualität wird als ein Bestandteil der alltäglichen Erfahrung der Kinder dargestellt. Entsprechend werden Themen wie schöne und unangenehme Berührungen und Gefühle, das Recht zu Fragen und Nein sagen zu dürfen, Geschwisterrivalität und die Bedeutung der Individualität des Menschen anschaulich dargestellt. Diese Themen sind auch wesentliche Bestandteile präventiver Arbeit gegen sexuellen Mißbrauch an Kindern. Daher kann dieses Aufklärungsbuch auch ergänzend als präventives Unterrichtsmaterial gegen sexuellen Mißbrauch eingesetzt werden.
Dieses Buch enthält zusätzlich ein Informationsheft für Eltern, das sehr anschaulich und undogmatisch geschrieben ist und die Erkenntnisse aktueller Sexualpädagogik integriert. Die Lektüre des Heftes erleichtert Eltern einen eigenen Standpunkt zum Thema Sexualität zu finden und darüber zu sprechen.
Das Buch ist interessant für die Altersgruppe von 5 bis 10 Jahren und ist sicherlich weiterhin eine Hilfe für die Gestaltung eines Elternabends zur Sexualerziehung.

Mein Körper – Meine Sinne

Der eigene Körper wird hier erforscht, untersucht und spielerisch entdeckt. Das Interesse und die Neugier des Kindes am Körper wird aufgegriffen und weiterentwickelt. Die Materialien sind für den

Sachkundeunterricht ab Klasse 3, sowie für den Biologieunterricht in der Orientierungsstufe geeignet. Kaleidoskop, 36 Karten A4, 24,– DM

Weitere Materialien zur Sexualerziehung sind im **Verlag an der Ruhr** erschienen. Ein ausführliches Prospekt können Sie unter folgender Anschrift anfordern: Verlag an der Ruhr, Delle 47, 45468 Mühlheim a. d. R.

IV. Materialteil

1. Texte und Materialien

Immer soll ich alle küssen…

Refrain: Ein Kuß...

3 a Und wenn sie mich ... (Wiederholung von 2a)

b Dort treff ich meinen kleinen Bruder
den mag ich gern' den hab ich lieb
er drückt mich, hält mich immer fester
-Schwupp- da kommt der Kuß der steckenblieb

Refrain: Ein Kuß...

4 a Doch wenn ich alle küssen soll
sag' ich ich hab kein Küßchen mehr
nur mit der Mami ist das toll
wenn wir zwei Schmusen gefällt's mir sehr

b Doch wenn ich alle küssen soll
sag ich ich hab kein Küßchen mehr
nur mit dem Papi ist das toll
wenn wir zwei Schmusen gefällt's mir sehr

Refrain: Ein Kuß...

Ende: das mag ich gern' doch nicht wenn ich muß!
das mag ich gern doch nicht wenn ich muß!

Aus: Kunterbunte Kinderlieder 6, „Das Bi-Ba-Bärenfest"
Bestell-Nr. 5102, Franz-Schneider-Verlag GmbH
Frankfurter Ring 150, 80807 München

Text: M. Köster
Musik: B. Weber

Wenn du glücklich bist

Wenn du glücklich bist, dann ruf mal laut: Hur-ra!

Wenn du glück-lich bist, dann ruf mal laut: Hur-ra!

Ja, du kannst es al-len zei-gen, mußt Ge-füh-le

nicht ver-schwei-gen.

Wenn du glück-lich bist, dann ruf mal laut: Hur-ra!

2.
Wenn du zornig bist, dann stampf mal mit dem Fuß.

3.
Wenn du traurig bist, dann wein doch einfach mal.

4.
Wenn du fröhlich bist, dann pfeif doch mal ein Lied.

5.
Wenn du gut gelaunt bist, hops doch mal herum.

6.
Wenn du schlecht gelaunt bist, brüll doch mal ganz laut.

7.
Wenn dir dieses Lied gefällt, dann klatsch doch mit.

(Aus: Lieder für Kinder. Sonderdruck von der Elterninitiative „Pänz",
Privater Kindergarten Sindorf)

Bello

Susi hat einen Hund. Der Hund heißt Bello. Bello hat ein schönes, kuscheliges Fell, und er ist ein sehr freundlicher Hund. Susi streichelt Bello oft. Das hat er sehr gern.

Fast alle Leute, die Bello sehen, wollen ihn streicheln. „Das ist aber ein lieber Hund!" sagen sie. Bei manchen Leuten mag Bello das aber überhaupt nicht. Wenn fremde Leute ihn anfassen wollen, fängt er meistens an zu knurren. Selbst von manchen Kindern, die Susi aus der Schule kennt, läßt sich Bello einfach nicht streicheln.
Wenn jemand Bello anfassen will und Bello einfach nicht gestreichelt werden mag, dann knurrt er so bedrohlich, daß die Leute denken, er wäre unfreundlich.

(von Dieter Schöck)

Susis Freundin sagt: „Du hast aber einen unfreundlichen Hund!"
Was würdet ihr Susis Freundin sagen?

Mauz

Erich hat eine Katze. Die Katze heißt Mauz. Sie ist eine sehr verschmuste Katze. Erich schmust gerne mit Mauz. Manchmal mag Mauz nicht gestreichelt werden. Wenn Erich sie trotzdem streichelt, haut sie ab. Bei fremden Leuten faucht sie sogar und streckt ihre Krallen aus.

Mauz läßt sich nur an ganz bestimmten Stellen streicheln. So mag sie es besonders, wenn Erich sie im Nacken krault. Als Peter, Erichs Freund, sie am Rücken streichelte, drehte sie sich um und kratzte ihn. Peter war sauer und sagte zu Erich: „Du hast aber eine freche Katze, die hat mir echt weh getan!"

(von Dieter Schöck)

Peter behauptet, daß Mauz eine freche Katze ist. Was würdet ihr Peter antworten?

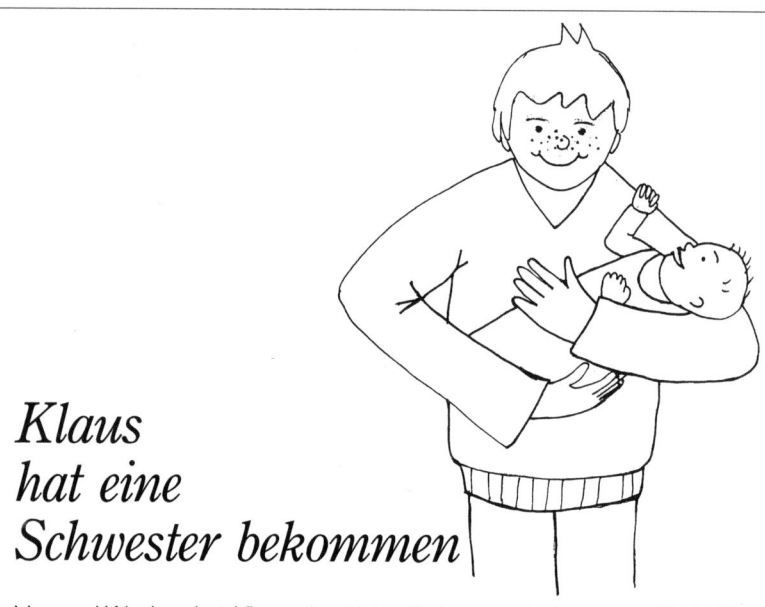

Klaus hat eine Schwester bekommen

Vor zwei Wochen hat Klaus eine kleine Schwester bekommen. Sie heißt Franziska. Franziska ist meistens recht vergnügt und sieht lustig aus. Wir lachen oft über sie. Manchmal weint die kleine Franziska auch. Sie hat Hunger, Durst, Schmerzen oder will bei Papa, Mama oder mir auf den Arm.

Gestern sah sie wieder so süß aus, daß ich Lust hatte, mit ihr zu kuscheln. Ich hab' sie ganz lieb auf den Arm genommen. Sie schrie ganz fürchterlich. Als ich sie wieder in ihr Bettchen legte, war sie zufrieden.

Tante Anna will auch immer mit Franziska kuscheln, weil sie so niedlich ist. Wenn sie zu Besuch kommt, geht sie immer direkt zu Franziska. Sie holt sie aus dem Bett, küßt sie ab, drückt sie an ihren Busen und redet mit ihr in Babysprache: „Ei der dei, die kleine süße Schnuckputzi!" Franziska weint bei Tante Anna fast immer. Aber Tante Anna läßt sie nicht in Ruhe.

Warum hat die kleine Franziska geweint, als sie bei Klaus auf dem Arm war?

Franziska weint bei Tante Anna fast immer – welchen Grund hat sie dafür?

Was machst du, wenn jemand mit Dir etwas tut, wozu du keine Lust hast?

Ein neues Spiel
in der Pause

Peter, Klaus und Markus sind in der dritten Klasse. Früher haben sie in der Pause immer mit anderen Jungen herumgetobt. Mit den Mädchen haben sie fast nie gespielt.
Seit einiger Zeit interessieren sie sich aber sehr für die Mädchen. Klaus ist sogar in Bettina verliebt. Auf dem Schulhof gibt es jetzt ein neues Spiel: „Mädchenfangen". Peter, Klaus, Markus und noch einige andere Jungen aus der Klasse fangen die Mädchen. Besonders stolz sind die Jungen dabei, wenn sie es schaffen, einem Mädchen den Rock hochzuheben oder ihr einen Kuß zu geben.

Bettina und ihre Freundinnen spielen gerne mit den Jungen fangen, denn auch sie mögen einige Jungen ganz gerne. Sie ärgern sich aber fürchterlich, wenn die Jungen ihnen den Rock hochheben oder ihnen einen Kuß geben, den sie nicht wollen. Ein Junge hat schon versucht, einem Mädchen die Unterhose auszuziehen. Das Mädchen wollte danach keinen Rock mehr zur Schule anziehen.
Bettina ist auch in Klaus „verknallt". Sie schaut in der Pause Klaus immer ganz verliebt an und versucht mit ihm zu reden. Aber Klaus jagt sie nur, fängt sie, hebt ihr den Rock hoch und kichert.

Wenn ich ein Mädchen gerne habe, kann ich ⎯⎯⎯⎯⎯⎯⎯

⎯⎯⎯⎯⎯⎯⎯⎯⎯⎯⎯⎯⎯⎯⎯⎯⎯⎯⎯⎯

⎯⎯⎯⎯⎯⎯⎯⎯⎯⎯⎯⎯⎯⎯⎯⎯⎯⎯⎯⎯

Wenn ich einen Jungen gerne habe, kann ich ⎯⎯⎯⎯⎯⎯

⎯⎯⎯⎯⎯⎯⎯⎯⎯⎯⎯⎯⎯⎯⎯⎯⎯⎯⎯⎯

⎯⎯⎯⎯⎯⎯⎯⎯⎯⎯⎯⎯⎯⎯⎯⎯⎯⎯⎯⎯

Lest euch vor, was ihr aufgeschrieben habt!

Die Mädchen können den Jungen helfen, wenn sie ihnen sagen, was sie gut finden.

Die Jungen können den Mädchen helfen, wenn sie ihnen sagen, was sie gut finden.

Zum Nachdenken!

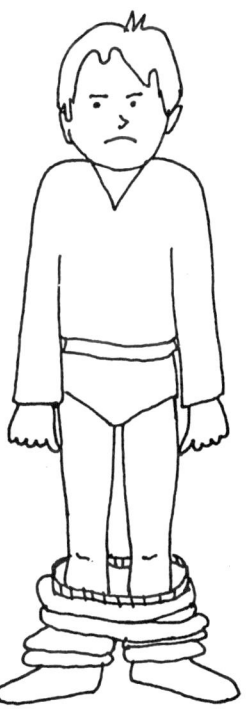

Wie findet ihr das Spiel „Mädchenfangen"?
Was macht euch Spaß? –
Was gefällt euch nicht?

Überlegt, warum viele Mädchen es
nicht mögen, wenn man ihnen
den Rock hochhebt!

Stellt euch vor, in der Pause wird „Jungenfangen" gespielt: Die Mädchen
fangen die Jungen und ziehen ihnen die Hosen runter. Überlegt, ob
dieses Spiel den Jungen Spaß macht!

Redet in eurer Klasse darüber, welche Möglichkeiten Jungen und
Mädchen haben, sich zu zeigen, daß sie sich gerne mögen!

Karin und Marco

Karin ist in der dritten Klasse und trifft sich nachmittags mit Marco oft auf dem Spielplatz. Marco ist schon 14 Jahre alt. Sie mag Marco gerne. Sie spielen die unterschiedlichsten Spiele – mal klettern sie auf den Klettergerüsten, mal spielen sie fangen, Hüpfekästchen oder Indianer. Letzte Woche haben sie „verliebt" gespielt. Karin spielt eigentlich sehr gerne mit Marco, nur bei dem Spiel mochte sie es gar nicht, wie Marco sie anfaßte und streichelte. Es tat ihr nicht weh, sie fühlte sich aber unwohl und es war ihr unangenehm.

Anschließend hat er zu ihr gesagt: „Sowas spiel' ich nur mit dir, weil ich dich so gerne mag. Das ist unser Geheimnis." Er sagte zu ihr, daß sie nichts weitererzählen darf.

Wie fühlt sich Karin, was hält sie von dem Geheimnis?

Sagt euch eure Mutter, wenn sie euch einen Gute-Nacht-Kuß gibt: „Das ist unser Geheimnis"? – Warum sagt Marco: „Das ist unser Geheimnis"?

Sprecht zusammen über „Geheimnisse" – nennt verschiedene Geheimnisse!

Welche Geheimnisse sind spannend und schön – denkt an Überraschungen?

Welche Geheimnisse würdet ihr erzählen?

Schreibt die Geschichte weiter – was kann Karin tun?

Sabine hat Geburtstag

Sabine ist in der zweiten Klasse und hat heute Geburtstag. Nachmittags kommen ihre 3 Freundinnen und ihre 2 Freunde. Tante Elke, Oma und Opa kommen auch zum Kaffeetrinken. Tante Elke ist die Schwester von ihrer Mutter. Tante Elke will ihr zur Begrüßung einen Kuß geben. Sabine findet Tante Elke nicht nett, und sie mag ihr keinen Kuß geben. Sie sagt zu ihr: „Nein, ich mag keinen Kuß!"

Überlegt und sprecht darüber
– was macht Tante Elke?

Sabines Mutter steht neben ihnen
– was sagt die Mutter?
– was würdest du an Sabines Stelle tun?

Die Weihnachtsfeier

Ich finde Weihnachten toll. Es ist immer so festlich: der schöne Baum, das gute Essen und die tollen Geschenke. Wenn nur nicht immer meine Patentante kommen würde. Die Geschenke von ihr sind ja o.k. Sie kommt extra aus Hamburg angereist. Als Dank dafür muß ich sie immer schön feste in den Arm nehmen und ihr mindestens einen Kuß geben. Ich hab' ja nichts gegen die Tante, aber abknutschen mag ich sie eigentlich nicht. Wenn ich mit Papa und Mama kuschele, ist das was anderes. Ich nehme also jedes Jahr Weihnachten die Tante in den Arm und geb' ihr einen Kuß. Wenn ich das nicht tu, glaube ich, sind alle sauer auf mich.

Überlegt und sprecht darüber
– muß das Mädchen die Tante in den Arm nehmen und küssen?
– was kann sie tun?

Schulweg

Simone geht wie immer um 8.00 Uhr von zu Hause los. Sie geht erst über den Zebrastreifen, danach geradeaus bis zur Unterführung. In der Unterführung sieht sie einen Mann, der die Hose auf hat und will, daß sie hinsieht. Sie erschreckt sich, hat Angst und rennt. Sie rennt bis zur Schule.

Was würdest Du machen?

s. auch Kap. 7, S. 89

Geburtstagsfeier bei Tante Lisa

Tante Lisa hatte Geburtstag. Es war so wie jedes Jahr: Kakao und Kuchen waren super – aber sonst war alles langweilig. Ich ging ins Nebenzimmer und schaute fern. Unerwartet kam auch Onkel Peter, der sich neben mich setzte: „Mensch was bist du ein großes Mädchen geworden, und du hast ja so eine schöne Strumpfhose an." Während er das sagte, streichelte er meine Beine und hörte gar nicht auf. „Laß das, Onkel Peter, ich will Kinderstunde gucken!" sagte ich. Onkel Peter machte weiter und meinte nur: „Birgit, mein Kind, das ist doch schön!" Ich fand das nicht schön, ich fand das ekelig. Ich stellte den Fernseher aus und ging zu den langweiligen anderen Erwachsenen zurück. Zu Hause erzählte ich meiner Mutter, daß Onkel Peter mich so komisch angefaßt hat. „Kind, du spinnst", antwortete sie mir, „Onkel Peter ist doch mein Bruder, der macht so was nicht." Sie ermahnte mich weiter: „Erzähl das keinem anderen, die denken sonst glatt, du bist verrückt." Ich war ganz traurig, daß meine Mutter mir nicht glaubte. Da fiel mir ein, daß meine Freundin Regine mal Krach mit ihren Eltern hatte…

Was soll Birgit machen?

Überlegt, wie sie Hilfe findet!

Das Ferienlager

Ingo ist jetzt 8 Jahre alt und darf zum erstenmal in den Herbstferien mit der Jugendgruppe in ein Zeltlager fahren. Er freut sich riesig. Sein Betreuer ist ein 16jähriger Junge und heißt Kalle. Kalle hat blondes Haar, ist groß und sehr sportlich. Alle Jungen im Zeltlager sind von Kalle begeistert. Kalle kann wunderbar Fußball spielen, erzählt tolle Geschichten, Witze und hat „gute Sprüche drauf". Er ist ihr großes Vorbild.

Ingo ist besonders stolz darauf, daß Kalle mit ihm alleine Fußballspielen übt und ihm gute Tricks beibringt. Sein Freund Arne ist schon fast eifersüchtig. So einen großen tollen Freund hat Ingo noch nie kennengelernt.

Kalle hat mit Ingo noch lange bis in den Abend Fußball gespielt, so daß Kalle und Ingo alleine duschen. Die anderen sind schon alle fertig. Ingo bemerkt beim Duschen, daß Kalles Penis schon so aussieht wie bei einem erwachsenen Mann. Er schaut neugierig hin. Kalle scheint es zu merken und fordert Ingo auf: „Komm her, schau Dir meinen Penis mal an!" Ingo ist das sehr peinlich, und er schaut verlegen weg. Kalle spricht Ingo wieder in einem sehr freundlichen Ton an: „Komm Ingo, du bist doch mein Freund!" Als Ingo verlegen hinschaut, will Kalle, daß Ingo seinen Penis anfaßt. Ingo ist verwirrt und weiß nicht, was er tun soll. Kalle fordert ihn nochmal energisch auf: „Mach schon, das ist unter großen Jungen ganz normal. Wenn du mein Freund werden willst, mußt du das schon mitmachen. Zur Belohnung bekommst du morgen ein großes Eis." Ingo tut was Kalle will – fühlt sich aber unwohl.

Nach dem Urlaub lädt Kalle ihn zu sich nach Hause ein. Ingo freut sich, daß er einen Freund hat, den die anderen Jungen alle bewundern. Gleichzeitig hat er aber große Angst, daß er wieder seinen Penis anfassen muß. Er traut sich nicht, seiner Mutter davon zu erzählen, weil er sich schämt und Angst hat, daß sie mit ihm schimpft.

Versucht zu erklären, warum sich Ingo so komisch fühlt!

Überlegt, wie er Hilfe findet!

Dein Körper, deine Gefühle Du bestimmst!

Wenn dich deine Mutter oder dein Vater in den Arm nimmt, fühlt sich das meistens gut an.

Dein Schlaftier zu drücken ist schön. Deinen Lieblingsonkel in den Arm zu nehmen ist gut. Ein dicker Kuß von der Mutter vor dem Einschlafen ist toll.

In solchen Situationen magst du es, angefaßt zu werden, es ist schön. Das sind Ja-Gefühle!

Wenn dich deine große Schwester durchkitzelt, bist du sauer. Du willst dich wehren – aber sie ist stärker.

Wenn dich jemand haut, boxt oder dir weh tut, ist das nicht schön.

Es gibt aber auch Situationen, wo dir keiner richtig weh tut, du dich aber trotzdem unwohl und schlecht fühlst:

Wenn du Onkel Peter einen Kuß geben mußt und du ihn aber nicht magst.

Wenn du bei deinem Opa auf dem Schoß sitzen sollst, nur weil er es schön findet und du nicht.

Wenn dich einer anfaßt oder streichelt, wenn du es gar nicht willst. Das sind Nein-Gefühle!

Immer wenn du diese Gefühle hast, die dir unangenehm sind, die du nicht magst, darfst du „Nein" sagen.

Du bestimmst über deinen Körper – es ist nicht richtig, wenn dich jemand anfaßt und du es nicht magst. Es ist nie dein Fehler, wenn du dich schlecht oder traurig fühlst. Wenn du dich nicht alleine wehren kannst, weil die anderen stärker sind – hol dir Hilfe bei anderen Kindern und Erwachsenen. Du findest immer jemanden, der dir hilft.

Überlegt, was ihr tun könnt
– wenn euch jemand anfaßt, streichelt oder kuschelt und ihr es nicht
   wollt!
– wenn ihr jemanden lieb habt und zeigen wollt, daß ihr in den Arm
   genommen werden möchtet!

Deine Rechte

Ich habe das Recht, über meinen Körper zu bestimmen – wer mich anfassen darf – wer nicht.

Ich darf alle Zärtlichkeiten und Berührungen ablehnen, die ich nicht mag.

Ich darf Erwachsenen widersprechen.

Ich habe das Recht, Notlügen und Ausreden zu gebrauchen, um einer Gefahr zu entgehen.

Ich darf Geschenke ablehnen.

Ich habe das Recht, Geheimnisse, die ich nicht mag, zu erzählen.

Ich darf Hilfsdienste, Auskünfte und Antworten auch verweigern, wenn ich Angst habe oder Gefahr wittere.

Ich habe das Recht, nach Hilfe zu rufen, davonzulaufen.

Ich habe das Recht, mir Hilfe zu holen, wenn ich mich alleine fühle.

Ich habe das Recht, meinen Gefühlen mehr zu vertrauen als den Behauptungen und Versprechungen von Erwachsenen.

Ich darf das Kindersorgentelefon anrufen, wenn ich nicht weiß, wer mir helfen kann.

Wir fühlen uns unterschiedlich!

Mein Wunschzettel

Hier mag ich, angefaßt zu werden.

Hier hab' ich Ja-Gefühle!

Hier mag ich es nicht, angefaßt zu werden. Hier hab' ich Nein-Gefühle!

Welche Kinder finden es schön, angefaßt zu werden?

Male die Bilder aus!
Welche Kinder mögen es nicht, angefaßt zu werden?

Streiche die Bilder durch!

Wie können sich die Kinder wehren?

Bist Du traurig, weil sich Deine Eltern ständig streiten?

Hast Du Probleme in der Schule? Möchtest Du wissen, was ein Kondom ist?

Hast Du ein schlechtes Gewissen, weil Du Deinen

Freund/Deine Freundin verpetzt hast, oder

hast Du einfach nur Langeweile? Egal was ist, Du kannst uns anrufen!

Wir nehmen Deine Sorgen ernst, hören Dir zu
und versuchen mit Dir zusammen Antworten auf Deine Fragen zu finden.

Wir sind keine Besserwisser-Erwachsenen!

Schau mal im Telefonbuch nach, ob es auch in Deinem Ort ein
„Sorgentelefon für Kinder und Jugendliche"
oder ein
„Kinder- und Jugendtelefon" gibt.

Ruf uns an! Für 30 Pfennig kannst Du so lange mit uns reden, wie Du möchtest.

Falls es in Deinem Ort kein „Sorgentelefon" gibt, kannst Du Dich an den *„Deutschen Kinderschutzbund"* wenden.

Text vom Bonner Kinderschutzverband

DU RUFST AN (ANONYM)
WIR HÖREN ZU

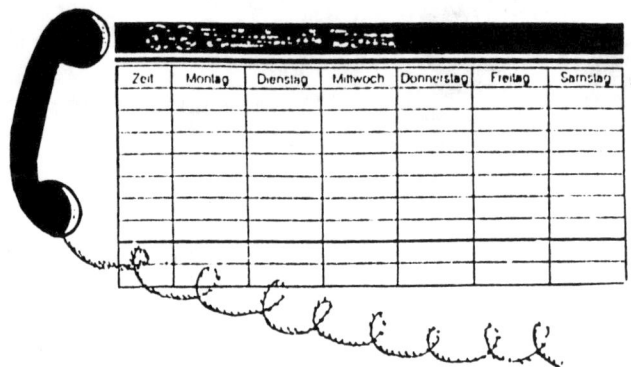

TEL. (0228) 11103

DU
- FÜHLST DICH ALLEIN
- HAST FRAGEN
- SUCHST HILFE

WIR
- SIND DA
- ÜBERLEGEN MIT DIR
- VERMITTELN

KINDER + JUGENDTELEFON

Bonner Kinderschutzverband

138

2. Einladung zum Elternabend

Erich-Kästner-Grundschule
Kollegium/DirektorIn/LehrerIn

Datum

Betr.: Sexueller Mißbrauch an Mädchen und Jungen

Unwissen macht Angst – Wissen macht stark

Liebe Eltern,
in der Bundesrepublik Deutschland werden nach Schätzungen des Bundeskriminalamtes jährlich etwa 300000 Kinder sexuell mißbraucht, davon sind schätzungsweise 90% Mädchen.

Sicher stimmen Sie mit uns/mir überein, daß ein Schutz der Kinder vor sexuellem Mißbrauch dringend erforderlich ist. Sinnvolle Vorbeugung erweist sich jedoch häufig als schwierig; denn der Täter ist nur selten der „fremde, böse Onkel" mit der Tüte Bonbons. Es ist eher der „gute Onkel" aus der Nachbarschaft, aus dem Freundes- und Bekanntenkreis oder aus der Verwandtschaft.

Gemeinsam mit Mitarbeiterinnen von der Beratungsstelle Wildwasser e.V. wollen wir einen Elternabend durchführen, um grundlegende Informationen zu geben und Eltern Möglichkeiten aufzuzeigen, wie sie durch ihre Erziehung im Alltag dazu beitragen können, ihre Kinder vor sexuellem Mißbrauch zu schützen.

Der Elternabend findet am. . . statt. Über ein zahlreiches Erscheinen freuen wir uns.

Mit freundlichen Grüßen

(Kollegium/DirektorIn/LehrerIn)

– –

Ich nehme am Elternabend teil/nicht teil

_____

(Unterschrift)

3. Rollenspielanregungen

Rollenspielanregungen zur Prävention
gegen sexuellen Mißbrauch von Mädchen und Jungen

Vorbemerkung:

Die folgenden Rollenspielanregungen eignen sich nicht nur als Grundlage für konkrete Rollenspiele, sondern können auch als Basis für Unterrichtsgespräche, sowie als Grundgerüst zur Erstellung weiterer Geschichten dienen (s. Materialteil).

Bei der Durchführung der Rollenspiele ist es wichtig, daß die Mädchen und Jungen, die eine bestimmte Rolle übernehmen, diese benennen und ihre Ausführung kurz beschreiben. Dieser erste Schritt dient als Kontrolle des Inhaltsverständnisses, sowie als Vertiefung der Identifikation mit den darzustellenden Rollen für die SchülerInnen.
Nach der Durchführung des Rollenspiels sollten zuerst die RollenakteurInnen nach ihren Gefühlen und Gedanken befragt werden, die sie in der Rolle hatten. Anschließend sollten die BetrachterInnen eine Stellungnahme zum Rollenspiel geben. Durch diese Strukturierung ergibt sich häufig eine Diskussion über die im Rollenspiel angesprochenen Inhalte.

Das Thema Prävention gegen sexuellen Mißbrauch an Kindern tangiert immer geschlechtsspezifische Verhaltensmuster von Jungen und Mädchen. In diesem Kontext ist ein geschlechtsspezifischer Rollentausch, sowie die Besetzung der Rollen nur durch Mädchen bzw. Jungen sinnvoll, um den SchülerInnen die verschiedenen Identifikationsebenen transparent werden zu lassen und verschiedene Handlungsstrategien kennenzulernen, zu hinterfragen und dazu kritisch Stellung zu nehmen und alternative Strategien zu entwikkeln.

140

Jungen und Mädchen haben häufig große Schwierigkeiten, in einer koedukativen Gruppe über Gefühle, geschlechtsspezifische Verhaltensweisen, usw. zu sprechen. Aus diesem Grunde ist es immer sinnvoll, wenn sich schulorganisatorisch eine Möglichkeit bietet, zu Beginn der Präventionsarbeit Jungen und Mädchen zu trennen.

„Ich will selbst entscheiden!"

Problem: Mädchen und Jungen können häufig ihre Grenzen gegenüber Erwachsenen/älteren Kindern nicht artikulieren, bzw. durchsetzen. Ihnen ist oft nicht bewußt, daß sie das Recht haben, „Nein" zu sagen und sich zu wehren.

Ziel: Bewußtwerdung eigener Gefühle, Bedürfnisse und Grenzen, verbunden mit dem Ausprobieren entsprechender Widerstandsstrategien gegenüber Erwachsenen und stärkeren Kindern.

Durchführung: Je nach Bedarf, werden die Szenen ein oder mehrere Male gespielt.

– Petra (8) sitzt in der Badewanne. Die Oma, die aus Bremen zu Besuch ist, will sie abtrocknen. Petra will sich alleine abtrocknen. Sie weiß aber, wenn sie der Oma sagt, daß sie sich alleine abtrocknen will, daß die Oma beleidigt ist. Was kann Petra tun?

– Ina (6) zieht sich gerade für die Turnstunde aus, als Tom aus dem 4. Schuljahr hereinkommt und sich über ihre Herzchenunterhose lustig macht. Ina schämt sich und ist sauer. Sie will sich wehren. Wie wehrt Ina sich?

– Klaus (10) soll seine Patentante, die aus München extra zu seinem Geburtstag gekommen ist, am Bahnhof umarmen und küssen. Seine Eltern erwarten dieses Verhalten von Klaus, das der Tante seine Freude über ihr Kommen zeigen soll. Klaus freut sich zwar, daß die Tante kommt, will sie aber nicht umarmen oder küssen, weil er sich dann ekelt. Wie kann er sich wehren?

– Karin (9) sitzt gemütlich in der Badewanne und will ihre Ruhe haben. Da kommt Onkel Peter herein, weil er sich rasieren will. Sie sagt ihm, daß sie alleine im Badezimmer sein will. Onkel Peter nimmt sie nicht ernst und sagt ihr: „Stell dich nicht so an, du hast ja noch nicht mal einen Busen, ich guck' dir schon nichts ab!" Was kann Karin tun, um ihre Ruhe zu haben?

– Die Lehrerin verlangt von Moritz, daß er sich neben Simone setzen soll. Moritz sagt der Lehrerin, daß er nicht neben Simone sitzen will. Die Lehrerin sagt: „Warum stellst Du Dich so an, Simone ist nett – Du setzt Dich jetzt da hin!" Moritz fühlt sich übergangen. Was kann er tun?

Mögliche Veränderungen: Vor der Durchführung soll jeweils festgelegt werden, ob sich das Mädchen/der Junge erfolgreich wehren kann oder nicht. Anschließend soll von der Gruppe erarbeitet werden, welche Strategien eine erfolgreiche Gegenwehr ermöglichen – welche Verhaltensweisen Widerstand erschweren, bzw. unmöglich machen.

Zeit: 3–4 Minuten

Hinweise: Die SchülerInnen sollen weitere Situationen aus ihrem Alltagsleben nachspielen, in denen sie Schwierigkeiten haben, Grenzen zu setzen bzw. nein zu sagen.

Ich sage „Nein" – und keiner hört mich!

Problem: Viele Mädchen haben aufgrund ihrer geschlechtsspezifischen Sozialisation Schwierigkeiten, ihre Wünsche, Bedürfnisse und Grenzen eindeutig zu äußern.

Ziel: Die Mädchen sollen sensibilisiert werden und benennen, wie sie Bedürfnisse, Wünsche und Grenzen nicht eindeutig äußern, die Gründe erkennen und Strategien für die eindeutige Äußerung von Bedürfnissen, Wünschen und Grenzen lernen.

Durchführung: Die verschiedenen Szenen sollen mehrmals gespielt werden.
– Die Kinder der vierten Klasse spielen Französischfangen. Die Jungen fangen die Mädchen und küssen sie dann. Meistens gefällt ihnen das Spiel. Karin findet das Spiel eigentlich nicht gut. Sie spielt mit, weil sie von Gregor geküßt werden will. Wenn sie aber von anderen geküßt wird, findet sie es ganz ekelhaft.
  Karin wird von Paul gefangen, er küßt sie. Sie weint. Überlegt, wie sich Karin anders verhalten könnte.

– Peter läuft hinter Barbara her und will ihr den Rock hochheben. Als Peter Barbara eingeholt hat, grinst sie ihn an und sagt: „Heb' mir bitte nicht den Rock hoch." Peter nimmt sie nicht ernst und hebt ihr den Rock hoch, lacht und und läuft weg. Überlegt, was Barbara machen kann, um von Peter ernstgenommen zu werden!

– Doris sitzt neben Jörg. Jörg greift Doris unter den Rock, so daß es Marcel, sein Freund, am Nachbartisch sieht. Die beiden Jungen lachen. Die Lehrerin ermahnt sie und liest weiter eine Geschichte vor. Jörg greift Doris wieder unter den Rock. Die Jungen lachen, und Doris schämt sich ganz fürchterlich. Wie kann sich Doris wehren?

Zeit: 4–5 Minuten

Hinweise: Die Szenen sollten der Alltagssituation der Lerngruppe entsprechen. Die Rollen sollen sowohl ohne effektive Gegenwehr des Mädchens gespielt werden, als auch mit einer erfolgreichen Gegenwehr. Alle Rollen sollten sowohl von Jungen als auch von Mädchen gespielt werden.

Ich bin ein „starker Typ" – ich weiß, was ich will!

Problem: Jungen haben häufig das von der Gesellschaft geprägte Männlichkeitsideal insofern internalisiert, als sie Schwierigkeiten haben, eigene Gefühle zu äußern und Schwächen zu zeigen. Auch werden die Grenzen von Mädchen und schwächeren Jungen massiv überschritten, um sich selber „stark" zu fühlen.

Ziel: Bewußtwerdung fremdbestimmter Handlungsmuster, eigene und andere Gefühle erkennen und alternative Strategien entwickeln.

Durchführung: Je nach Bedarf werden die Szenen einmal oder mehrmals gespielt.

– Peter und Marcel sind gute Freunde. Sie halten sich in der Pause gegenseitig die Hand und erzählen sich über den spannenden Krimi, der gestern im Fernsehen lief. Eine Gruppe von 4 Jungen, bestehend aus den Stars aus Klasse 4, umkreist die zwei und lacht sie aus: „Ha, ... ihr seid ja Mädchen!" Peter und Marcel schämen sich. Wie können sie sich wehren?

– Albert ist der größte und stärkste Junge aus der Klasse 3a. Auf dem Schulweg trifft er immer Klaus. Montags, wenn Klaus sein Kakaogeld mit hat, versperrt Albert ihm den Weg und droht ihm, daß er ihn verprügelt, wenn Klaus ihm nicht sofort das Geld gibt. Klaus hat Angst und gibt ihm das Geld. Wie kann sich Klaus wehren?

– Fünf Jungen aus der 2a haben es in der Pause auf die Mädchen abgesehen. Sie spielen Fangen und Rockhochheben. Moritz will nicht mitmachen. Die anderen vier Jungen lachen ihn aus und wollen nicht mehr mit Moritz spielen. Was kann Moritz tun?

– Simon und Sebastian sind etwas schüchtern. Die anderen Jungen tun sich zusammen, jagen Simon und Sebastian und kneifen sie dann in die Hoden. Alle Jungen lachen sich kaputt. Simon und Sebastian aber trauen sich kaum noch, auf den Schulhof zu gehen. Was können die beiden tun?

Hinweise: Sie Szenen sollten der Alltagswirklichkeit der SchülerInnen entsprechen und modifiziert, bzw. ergänzt werden. Eine Diskussion im Klassenverband (evtl. mit der Berücksichtigung gesellschaftlicher Ursachen) sollte sich den Rollenspielen anschließen.

Wenn ein Mädchen „Nein" sagt, meint es „Ja"

Problem: Aufgrund ihrer geschlechtsspezifischen Sozialisation haben Jungen Schwierigkeiten, sowohl nonverbale, als auch verbale Grenzsetzungen von Mädchen zu erkennen, und entsprechend werden die persönlichen Grenzen der Mädchen von den Jungen oft massiv überschritten.

Ziel: Die Jungen sollen ihr eigenes Verhalten kritisch reflektieren und die verschiedenen verbalen und nonverbalen Grenzsetzungen der Mädchen erkennen und akzeptieren.

Durchführung: Die Szenen werden je nach Bedarf ein oder mehrere Male gespielt.

– Paul spielt mit Eva in der Pause fangen. Beiden macht es Spaß. Gegen Ende der Pause sagt Eva: „Ich hab' jetzt keine Lust mehr!"

Paul hebt ihr den Rock hoch – Eva läuft weg. Das Fangenspiel geht weiter, obwohl Eva Paul jedesmal sagt: „Hör jetzt endlich auf!" Wie soll Paul das verstehen?

– Vier Jungen aus Inas Klasse kreisen Ina auf dem Weg nach Hause ein. Ina guckt ganz verwirrt und schüchtern. Die Jungen hören nicht auf. Sie denken, Ina ist stolz, daß sie von den Jungen gefangen wird. Erst als ein Erwachsener mit den Jungen spricht, lassen sie Ina los. Wie können sich die Jungen anders verhalten?

– Gregor klaut Simone ihren Bleistift. Er sagt zu ihr: „Gib mir einen Kuß, sonst bekommst du ihn nicht wieder!" Simone antwortet ihm: „Ich mag dir keinen Kuß geben!" Gregor läßt nicht locker, er will seinen Kuß. Simone gibt ihm den Kuß – er gibt ihr den Bleistift. Simone mag Gregor nicht mehr leiden. Gregor versteht das nicht. Was kann Gregor tun?

– Peter ist schon seit 3 Wochen in Iris „verknallt". Er traut sich nicht, mit ihr zu reden, so verliebt ist er. Damit Iris nun merken soll, daß er sich für sie interessiert, stellt er ihr ab und zu in der Pause ein Bein. Zuletzt hat sich Iris dabei ihr Knie aufgeschlagen. Sie findet Peter ultrablöd, seitdem er sie immer ärgert. Was kann Peter tun?

Zeit: ca. 4–6 Minuten

Hinweis: Die SchülerInnen sollen weitere Szenen benennen und diese spielen. Die Jungenrollen sollten sowohl von Jungen, als auch von Mädchen gespielt werden. Bei den Mädchenrollen gilt der gleiche Grundsatz. Nach den verschiedenen Szenen sollte ein Gespräch in der Klasse stattfinden.

Ich hol' mir Hilfe!

Problem: Kinder fühlen sich manchmal hilflos, unsicher, allein . . . Sie trauen sich häufig aber nicht, oder sie wissen nicht, wo sie Hilfe holen können.

Ziel: Die Kinder sollen wissen, daß sie ein Recht haben, sich Hilfe zu holen, wenn sie sich hilflos, unsicher und allein fühlen, und Strategien entwickeln, um diese Hilfe einzufordern.

Durchführung:

- Peter hat den Schlüssel vergessen. Er hatte schon um 12 Uhr Schule aus. Seine Mutter kommt erst um 14 Uhr nach Hause. Was kann Peter tun?

- Karin hat im Diktat eine 6 geschrieben. Sie traut sich deshalb nach der Schule nicht nach Hause. Was kann Karin tun?

- Klaus hat sich fürchterlich mit seinen Eltern gestritten. Er will nicht mehr zu Hause bleiben. Er packt seinen Rucksack und geht auf den Spielplatz. Er setzt sich auf die Bank und weiß weder ein noch aus. Wohin kann er gehen?

- Sebastian wird ganz oft von seinem Vater geschlagen. Er mag seinen Vater, er leidet aber darunter, daß dieser ihn immer haut. Er hat Angst, darüber zu reden, weil er seinen Vater nicht schlecht machen will. Mit wem kann er darüber reden?

- Klaus aus dem 8. Schuljahr vom Gymnasium hat Simone gezwungen, ihr Höschen auszuziehen, um ihm ihre Scheide zu zeigen. Er hat ihr gedroht, sie würde sonst schrecklich verhauen. Simone schämt sich, sie möchte aber darüber reden. Simone ist im 2. Schuljahr und hat ganz strenge Eltern. Wo kann Simone Hilfe finden?

Zeit: 2–3 Min.

Hinweis: Die Szenen sollten durch Situationen, in denen sich Kinder hilflos, verletzt und schwach fühlen und Hilfe brauchen, ergänzt werden. Alle Möglichkeiten, die die Kinder benennen, sollten festgehalten werden (vielleicht Tafelbild/Merkzettel) und eventuell von der LehrerIn ergänzt werden (z. B. Kinderschutzbund, Notdienst der ASD usw.)

„Ich erzähle Geheimnisse, die mir nicht gefallen!"

Problem: Mädchen und Jungen im Grundschulalter lieben es, Geheimnisse zu haben. Sie sind stolz darauf. Es gibt aber Erwachsene und Kinder, die diese Vorliebe für Geheimnisse ausnutzen, um die Mädchen und Jungen unter Druck zu setzen und zu erpressen.

Ziel: Die SchülerInnen sollen zwischen „guten" und „schlechten" Geheimnissen unterscheiden können. Sie sollen wissen, daß sie alle Geheimnisse, die ihnen nicht gefallen, die sie verwirren, bei denen sie sich unwohl oder komisch fühlen, erzählen dürfen. Keiner hat das Recht, ihnen ein Geheimnis abzuverlangen, was sie nicht mögen. Sie dürfen sich wehren und sich Hilfe holen.

Durchführung:

- Karin ist eine Tasse aus dem Küchenschrank gefallen. Die Tasse ist kaputt. Karin hat Angst, daß die Mutter mit ihr schimpft. Deshalb wirft sie die Tasse in die Mülltonne. Jetzt hat Karin ein Geheimnis. Ihr geht es aber nicht gut damit. Was kann Karin tun?
- Mutter erzählt dem Vater, daß die Oma immer so geizig ist und sogar das Benzin abrechnet, wenn die Mutter mit ihr einkaufen fährt. Simone hört zufällig das Gespräch mit. Mutter sagt zu Simone: „Erzähl das nicht der Oma, was ich dem Papa erzählt habe!" Simone hat aber alles gehört und mag ihre Oma. Sie fühlt sich komisch, wenn sie der Oma nicht erzählen darf, was die Mutter gesagt hat. Was kann Simone tun?
- Sylvia und Peter treffen sich manchmal nachmittags im Gebüsch hinter dem Spielplatz. Sie haben da ihr Geheimlager. Einmal wollte Peter, daß Simone ihm ihren Po zeigt. Simone hat ihr Höschen heruntergezogen, wie es Peter wollte. Sie hat sich dabei unwohl gefühlt. Peter sagte zu ihr: „Erzähl das nicht deiner Mutter, sonst kriegst Du nur Ärger." Dieses neue Geheimnis gefiel Sylvia nicht. Was kann Sylvia tun?

Hinweis: Weitere „gute" und „schlechte" Geheimnisse sollten benannt werden. Die SchülerInnen, die das Rollenspiel durchführen, sollten vorher bestimmen, wem sie das Geheimnis erzählen und wie die betreffende Person reagiert. Ein anschließendes Gespräch im Klassenverband sollte folgen.

V. Anhang

Vorurteile und Realität

Vorurteil:
Sexuelle Ausbeutung ist ein Phänomen, daß nur äußerst selten vorkommt.

Realität:
Statistischen Schätzungen des Bundeskriminalamtes zufolge werden in der Bundesrepublik Deutschland jährlich zwischen 150000 und 300000 Kinder Opfer sexueller Gewalt.

Vorurteil:
Der Täter ist ein Fremder, der plötzlich ein Kind überfällt, in die Büsche zerrt oder es mit Geschenken und Süßigkeiten zu sich nach Hause lockt.

Realität:
In den meisten Fällen (die Zahlen schwanken zwischen 64% und 85%) ist der Täter *keine* fremde Person, sondern jemand, den das Kind kennt und dem es meist auch vertraut hat (Nachbar, Lehrer, Verwandte, Geschwister, Stiefvater und Vater).

Vorurteil:
Der Mann, der das Kind sexuell mißbraucht, wird auch im Alltag durch besondere Auffälligkeiten erkannt.

Realität:
Beim Täter handelt es sich häufig um einen völlig unauffälligen, oftmals sogar angesehenen, „guten" Familienvater.

Vorurteil:
Sexueller Mißbrauch kommt hauptsächlich bei Asozialen und in den unteren sozialen Schichten vor.

Realität:
Sexueller Mißbrauch kann in allen Schichten vorkommen, aufgedeckt werden jedoch häufiger Taten aus unteren sozialen Schichten.

Vorurteil:
Sexueller Mißbrauch ist eine einmalige Ausnahmesituation, die das Kind erleben muß.

Realität:
Das Kind muß den sexuellen Mißbrauch häufig über Wochen, Monate und sogar Jahre ertragen, insbesondere, wenn er innerhalb der Familie passiert. Selbst wenn das „Geheimnis" in der Familie bekannt ist, wird der Mißbrauch oft genug *nicht* beendet.

Vorurteil:
Der Täter muß seine sexuelle Befriedigung bei der Tochter suchen, weil seine böse Frau sich den „ehelichen Pflichten" im Bett verweigert.

Realität:
Frauen berichten im Nachhinein häufig, daß ihr Mann in dieser Zeit auch mit ihr Sexualität hatte und manchmal sogar auch Kontakt zu anderen Frauen.

Vorurteil:
Sexueller Mißbrauch geschieht mit Hilfe brutaler Gewalt und hinterläßt deutliche Spuren körperlicher Gewaltanwendung.

Realität:
Körperliche Gewalt muß nur in seltenen Fällen angewandt werden. Meist gelingt es dem Täter, das Kind einzuschüchtern oder seine Überlegenheit als Erwachsener auszuspielen, indem er das Kind in eine Situation hineinlockt, aus der es nicht weiß, wie es entkommen kann.

Vorurteil:
Kinder haben eine blühende Phantasie, man darf die Schilderung eines Kindes, das über sexuelle Übergriffe berichtet, nicht so ernst nehmen.

Realität:
Häufig genug berichteten Kinder von „harmloseren" sexuellen Übergriffen, im Nachhinein stellte es sich heraus, daß noch mehr geschehen war. Erfahrungsgemäß muß man den Kindern glauben, da falsche Aussagen im Zusammenhang mit sexuellem Mißbrauch und Gewalt so gut wie nie vorkommen.

Vorurteil:
Frühreife junge Mädchen, die sog. kleinen Lolitas, verführen und verleiten erwachsene Männer zum sexuellen Mißbrauch.

Realität:
Kinder, die sexuell mißbraucht wurden, haben sich nicht anders und verführerischer verhalten als Kinder, die nicht ausgebeutet wurden. Sexueller Mißbrauch fängt nicht in der Pubertät an, Kinder können in jedem Alter sexuell mißbraucht werden (vom Säugling angefangen).

Liste der Symptome und Verhaltensauffälligkeiten

genauere Beschreibung s. Teil I, Kapitel 7, Seite 45

Verhaltensauffälligkeiten
- Aggressivität
- herausforderndes Verhalten Erwachsenen gegenüber
- betont lautes und angstloses Auftreten
- Autoaggressionen
- unauffälliges, angepaßtes, unterwürfiges Verhalten
- extreme Ängstlichkeit
- totaler Rückzug bis hin zur Isolation
- scheinbar unmotivierter plötzlicher Leistungsabfall
- übereifriger Ehrgeiz
- Schuleschwänzen
- Konzentrationsstörungen
- Tagträume
- Schlafstörungen
- Bettnässen
- altersunangemessener Kenntnisstand von Sexualverhalten Erwachsener
- Suizidversuch
- Suchtverhalten
- Prostitution
- Sexueller Mißbrauch von jüngeren Kindern

Körperliche Hinweise

- nicht lokalisierbare Schmerzen im Unterleib
- Verletzungen von Brust, Gesäß, Unterleib, Innenseite der Oberschenkel (wie Kratzer, Bißwunden, Blutergüsse, Abschürfungen und Verbrennungen)
- Schwellungen und Rötungen im Bereich von Vagina, Anus oder Penis
- Verletzungen, Jucken, Wundsein im Genitalbereich
- unerklärtes Bluten oder Ausfluß im Genital-, Rektal- und Urethralbereich
- immer wiederkehrende Entzündungen in den genannten Bereichen
- Fremdkörper im Genitalbereich.

Emotionale und Verhaltensreaktionen auf sexuellen Mißbrauch

(Zusammenstellung der Beratungsstelle für sexuell mißbrauchte Kinder [PAAR] in Pittsburgh, PA, USA 1984)

Gefühlsebene	Verhaltensebene
Frühe Kindheit (bis 3 Jahre)	
Angenehme und unangenehme Empfindungen	Schlaf-, Essensstörungen, Tendenz zu Verhaltensextremen
Angst	Angst vor Fremden, Rückzug
Verwirrung	Altersunangemessenes, sexuelles Spielen
Vorschulalter (3–6 Jahre)	
Angenehme und unangenehme Empfindungen	Regressives Verhalten: Babysprache, Einnässen
Verwirrung	Daumenlutschen, Festklammern
Angst	Rückzug
Scham	Schlafstörungen (Alpträume)
Vorschulalter (3–6 Jahre)	
Schuldgefühle	Aggressives Verhalten
Wut	Willfähriges Verhalten
Gefühl der Schutz- und Hilflosigkeit	Häufiges und andauerndes sexuelles Spielen
Angst, beschädigt und verdorben zu sein	Öffentliches und andauerndes Masturbieren
Schulalter (6–9 Jahre)	
Ambivalente Gefühle Erwachsenen gegenüber	Sozialer Rückzug
Verwirrung über die Geschlechtsrollenverteilung und Rollenverteilung innerhalb der Familie	Kopfschmerzen, Bauchschmerzen, Schlaf- und Essensstörungen, Aggressives Verhalten
Angst, Scham	Plötzliches unerkläliches Schulversagen
Schuldgefühle	Probleme, Grenzen einzuhalten
Unruhe und Unsicherheit	Willfährigkeit
Wut	Zwangshandlungen wie exzessives Baden, Waschen
Angst, beschmutzt und beschädigt zu sein	Sexuelles Ausagieren mit Gleichaltrigen und jüngeren Kindern
Mißtrauen	Sexuell provozierendes Verhalten
	Keine adäquaten sozialen Beziehungen mit Gleichaltrigen

Schulalter (9–13 Jahre)

Ambivalente Gefühle Erwachsenen gegenüber
Wut, Angst, Scham
Schuldgefühle
Depression
Angst, beschädigt zu sein
Gefühl der Inkompetenz
Mißtrauen, Selbstmordgedanken

Sozialer Rückzug, Keine adäquaten sozialen Beziehungen mit Gleichaltrigen, Schuleschwänzen
Manipulatives Verhalten anderen gegenüber
Sexueller Mißbrauch von jüngeren Kindern
Promiskuöses Verhalten

Adoleszenz (13–18 Jahre)

Wut, Scham
Schuldgefühle
Sich betrogen fühlen, Mißtrauen
Ambivalente Gefühle Erwachsenen gegenüber
Konflikte bezüglich Sexualität, Geschlechterrolle und Rollenverteilung innerhalb der Familie
Gefühle, beschädigt und schmutzig und verdorben zu sein,
Selbstmordgedanken

Selbstdestruktives Verhalten, Drogenkonsum
Von zu Hause weglaufen
Aggressives Verhalten, Ausbeuten anderer
Übernehmen der Rolle des Opfers
Vermeiden von körperlicher und emotionaler Intimität
Promiskuoses Verhalten
Selbstmordversuche

156

Hilfestellung für die Gesprächsführung
„Handlungsstrategien"

siehe auch Teil I, Kapitel 8

1. Oberstes Gebot ist immer: Ruhe bewahren und nicht in Panik geraten.
2. Sich Zeit nehmen für das Kind.
3. Dem Kind Bereitschaft signalisieren, auch mit schwierigen Problemen immer kommen zu dürfen.
4. Dem Kind glauben und zuhören können, indem das Gesagte ausgehalten wird, z. B.: „Es war gut, daß Du es jetzt gesagt hast, Du sollst wissen, daß Du nicht alleine bist mit Deinem Problem. Anderen Kindern ist auch so etwas passiert."
5. Sich selber Hilfe holen, eigene Möglichkeiten dabei nicht über- oder unterschätzen. Wenn Sie merken, daß Sie es in dem ersten Gespräch nicht aushalten, was das Kind Ihnen erzählen will, machen Sie einen Vorschlag, das Gespräch an einem konkreten Termin fortzusetzen. In der Zwischenzeit holen Sie sich Hilfe.
6. Fragen in der Sprache des Kindes stellen. Körperteile, insbesondere die Geschlechtsteile, haben viele verschiedene Namen, versuchen Sie, sich auf die Sprache des Kindes einzustellen, und benennen Sie dem Kind „das da unten" genauer.
   Achten Sie darauf, daß dem Kind nicht die aktive Rolle zugesprochen wird. Fragen Sie genauer nach, was der Mißbraucher gemacht hat, z. B.: „Hat er Dir an die Muschi/Scheide gefaßt... mußtest Du seinen Schwanz/Penis anfassen/in den Mund nehmen?" usw.
7. Das Kind ermutigen, über seine Probleme und Gefühle sprechen zu dürfen. Alle Gefühle sollen erlaubt sein, Wut, Haß, Enttäuschung, Liebe, Lustempfinden, usw.
8. Das Kind loben, daß es den Mut aufgebracht hat, trotz Verbots mit Ihnen zu sprechen. Für das Kind erfordert es großen Mut, sich an Sie zu wenden, da ihm fast immer verboten wurde, über den Mißbrauch zu sprechen.
9. Das Kind auf seine Stärken hinweisen. Dem Kind erklären, daß es Stärke bewiesen hat, sich Hilfe zu holen und den Mißbrauch zu überleben.
10. Dem Kind keine vorschnellen Versprechungen geben, z. B. daß alles wieder gut wird, oder daß Sie keinem etwas von dem Gespräch erzählen werden.

Interventionsstufen beim sexuellen Mißbrauch

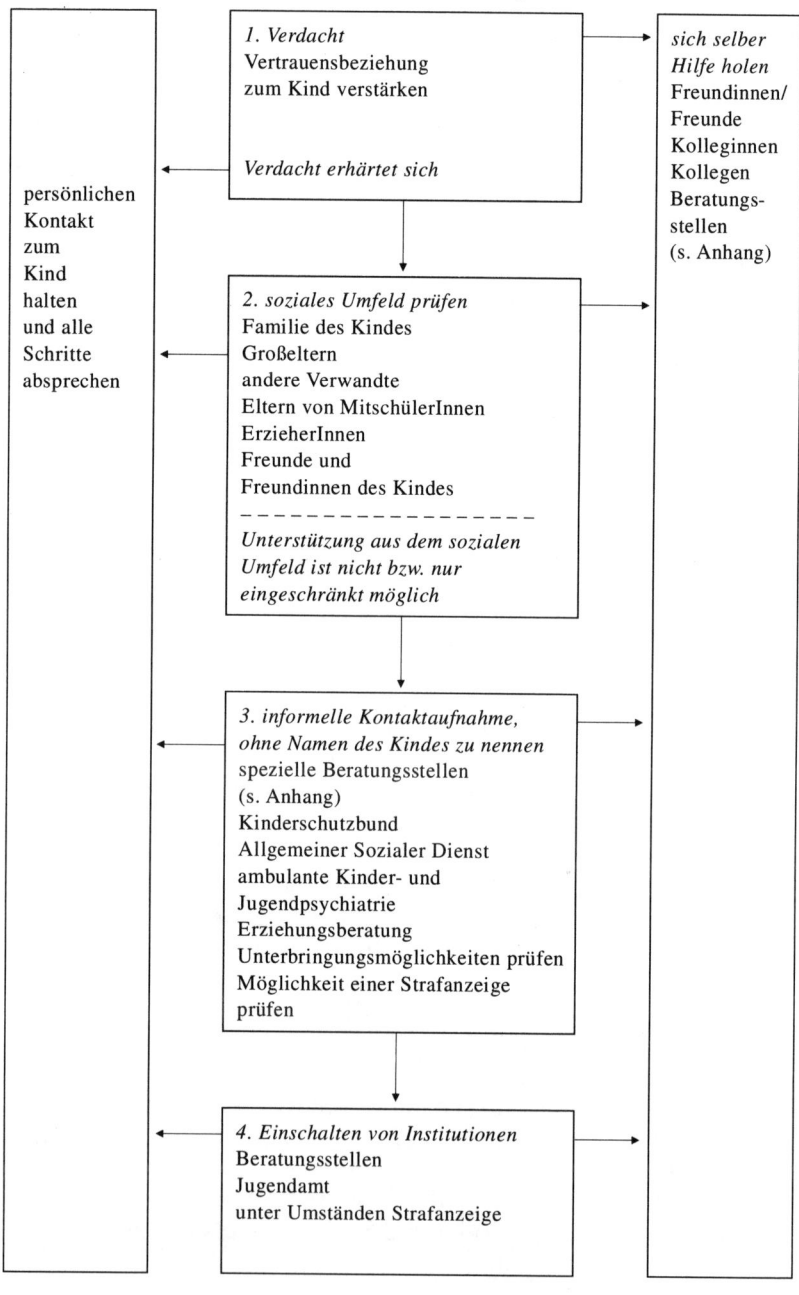

persönlichen
Kontakt
zum
Kind
halten
und alle
Schritte
absprechen

1. Verdacht
Vertrauensbeziehung
zum Kind verstärken

Verdacht erhärtet sich

2. soziales Umfeld prüfen
Familie des Kindes
Großeltern
andere Verwandte
Eltern von MitschülerInnen
ErzieherInnen
Freunde und
Freundinnen des Kindes

*Unterstützung aus dem sozialen
Umfeld ist nicht bzw. nur
eingeschränkt möglich*

*3. informelle Kontaktaufnahme,
ohne Namen des Kindes zu nennen*
spezielle Beratungsstellen
(s. Anhang)
Kinderschutzbund
Allgemeiner Sozialer Dienst
ambulante Kinder- und
Jugendpsychiatrie
Erziehungsberatung
Unterbringungsmöglichkeiten prüfen
Möglichkeit einer Strafanzeige
prüfen

4. Einschalten von Institutionen
Beratungsstellen
Jugendamt
unter Umständen Strafanzeige

*sich selber
Hilfe holen*
Freundinnen/
Freunde
Kolleginnen
Kollegen
Beratungs-
stellen
(s. Anhang)

Was erleben HelferInnen in den einzelnen Interventionsstufen

| Gegenüber dem Kind? | Im Handlungsfeld | Wenn sie sich Hilfe holen |

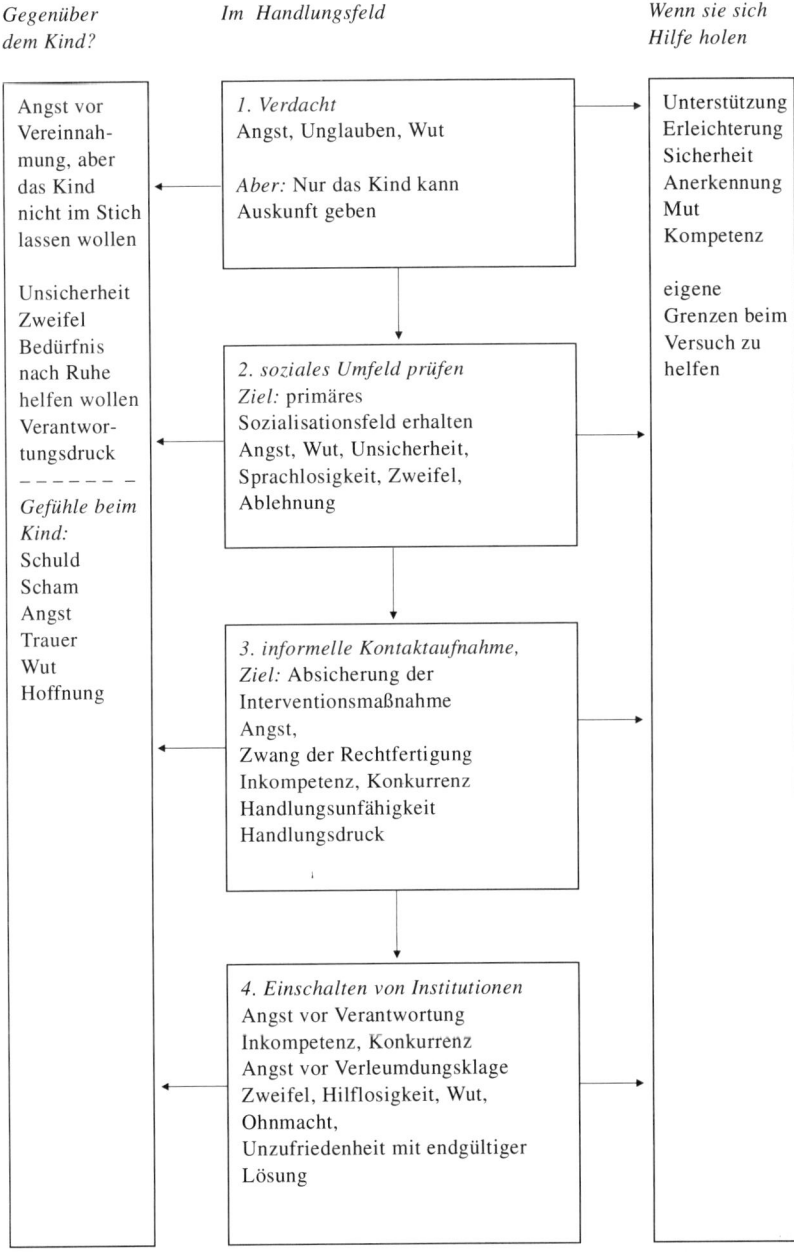

Gegenüber dem Kind?

Angst vor Vereinnahmung, aber das Kind nicht im Stich lassen wollen

Unsicherheit
Zweifel
Bedürfnis nach Ruhe
helfen wollen
Verantwortungsdruck
– – – – – – –
Gefühle beim Kind:
Schuld
Scham
Angst
Trauer
Wut
Hoffnung

Im Handlungsfeld

1. Verdacht
Angst, Unglauben, Wut

Aber: Nur das Kind kann Auskunft geben

2. soziales Umfeld prüfen
Ziel: primäres Sozialisationsfeld erhalten
Angst, Wut, Unsicherheit, Sprachlosigkeit, Zweifel, Ablehnung

3. informelle Kontaktaufnahme,
Ziel: Absicherung der Interventionsmaßnahme
Angst,
Zwang der Rechtfertigung
Inkompetenz, Konkurrenz
Handlungsunfähigkeit
Handlungsdruck

4. Einschalten von Institutionen
Angst vor Verantwortung
Inkompetenz, Konkurrenz
Angst vor Verleumdungsklage
Zweifel, Hilflosigkeit, Wut,
Ohnmacht,
Unzufriedenheit mit endgültiger Lösung

Wenn sie sich Hilfe holen

Unterstützung
Erleichterung
Sicherheit
Anerkennung
Mut
Kompetenz

eigene Grenzen beim Versuch zu helfen

159

Literaturliste – eine Auswahl

Sachbücher

Adams, Caren/Fay, Jennifer: Ohne falsche Scham. Wie Sie ihr Kind vor sexuellem Mißbrauch schützen können. rororo mit Kindern leben 1989, Best.-Nr. 8498, 7,80 DM

Arbeitskreis „Sexuelle Gewalt" beim Komitee für Grundrechte und Demokratie e. V.: Gewaltverhältnisse. Eine Streitschrift für die Kampagne gegen sexuelle Gewalt. Sensbachtal 1987 (vergriffen)

Backe, Lone/Leick, Nini/Merrick, Joav/Michelsen, Niels (Hrsg.): Sexueller Mißbrauch von Kindern in Familien. Deutscher Ärzte Verlag Köln 1986

Bange, Dirk: Die dunkle Seite der Kindheit. Sexueller Mißbrauch an Mädchen und Jungen. Ausmaß – Hintergrund – Folgen. Volksblatt Verlag, Köln 1992

Enders, Ursula (Hrsg.): Zart war ich, bitter war's. Sexueller Mißbrauch an Mädchen und Jungen. Erkennen – Schützen – Beraten. Köln 1989 (Volksblatt Verlag)

Glöer, Nele/Schmiedekamp-Böhler, Irmgard: Die verlorene Kindheit. Jungen als Opfer sexueller Gewalt, München 1990, Weismann-Frauenbuchverlag

Hirsch, Mathias: Realer Inzest. Psychodynamik des sexuellen Mißbrauchs in der Familie, Berlin 1987, Springer

Janshen, Doris (Hrsg.): Sexuelle Gewalt. Die allgegenwärtige Menschenrechtsverletzung. Frankfurt a. M. 1991, Zweitausendeins

Kavemann, Barbara/Lohstöter, Ingrid: Väter als Täter. Sexuelle Gewalt gegen Mädchen. rororo aktuell 1984. Best.-Nr. 5250, 7,80 DM

Rijnaarts, Josephine: Lots Töchter. Über den Vater-Tochter-Inzest, München 1991, dtv, 14,80 DM

Rush, Florence: Das bestgehütete Geheimnis: Sexueller Kindesmißbrauch, Berlin, 3. Auflage 1985

Steinhage, Rosemarie: Sexueller Mißbrauch an Mädchen. Ein Handbuch für Beratung und Therapie. Hamburg 1989, rororo Sachbuch, Best.-Nr. 8582, 8,80 DM

van den Broek, Jos: Verschwiegene Not: Sexueller Mißbrauch an Jungen. Kreuz Verlag, Zürich 1993

van Outsem, Ron: Sexueller Mißbrauch an Jungen. Forschung. Praxis. Perspektiven, Donna Vita, Ruhnmark 1993

Wirtz, Ursula: Seelenmord. Inzest und Therapie. Zürich 1989

Wyre, Ray/Swift, Anthony: Und bist Du nicht willig ... Die Täter, Köln 1991, Volksblatt Verlag

Broschüren und Schriften

Arbeitsgemeinschaft „Sexuelle Gewalt an Mädchen und jungen Frauen" (Hrsg.): Hinsehen – Zuhören – Handeln. Sexuelle Gewalt an Mädchen, Kiel 1989. Eigenverlag, DM 2,– Bezugsquelle: Mädchentreff Gaarden, Kirchenweg 45, 24143 Kiel

Baurmann, M. C.: Sexualität, Gewalt und die Folgen für das Opfer. Berichte des Kriminalistischen Instituts Wiesbaden 1985

Hessisches Ministerium für Jugend, Familie und Gesundheit (Hrsg.): Behütete Verbrechen. Wiesbaden 1992
Minister für Arbeit, Gesundheit und Soziales des Landes NRW (Hrsg.): Sexueller Mißbrauch von Kindern. Expertise zum 5. Jugendbericht der Landesregierung NRW 1989
Sozial- und Jugendbehörde der Stadt Karlsruhe: Dokumentation Nr. 28 zur Fachtagung „Sexueller Mißbrauch von Kindern", Kaiserallee 4, 76133 Karlsruhe
Schattenriß: Protective Behavior. Anti Victim Training for Children. Übersetzt und zu beziehen über Schattenriß, Bremerhavener Straße 90, 28219 Bremen
Faltblattinformationen für Mütter und Väter sowie ErzieherInnen, LehrerInnen, Verein zur Prävention von sexuellem Mißbrauch an Mädchen und Jungen, Oberntorwall 14, 33602 Bielefeld, Vertrieb: Donna Vita; Marion Mebes
Verein zur Weiterbildung für Frauen e. V.: Dokumentation zur Fachtagung Sexueller Mißbrauch von Mädchen und Frauen. 2. Aufl. 1991, Venloer Str. 405–407, 50825 Köln
Wildwasser Nürnberg e. V. Gegen sexuellen Mißbrauch an Mädchen: Juristischer Leitfaden für Helferinnen. Selbstverlag 1991, Roritzer Str. 22, 90419 Nürnberg

Romane

Dirks, Liane: Die liebe Angst. Hamburg 1986
Dorpat, Christel: Welche Frau wird so geliebt wie Du? Berlin 1982
Fraser, Sylvia: Meines Vaters Haus. Geschichte eines Inzest. Frankfurt am Main 1990, Fischer, 12,80 DM
Galey, Iris: Ich weinte nicht, als Vater starb. Bern 1988, Zytglogge
Gardiner-Sirtl, A. (Hrsg.): Als Kind mißbraucht. Frauen brechen ihr Schweigen, München 1983 (Brigitte-Buch) (vergriffen)

Jugendbücher

Glade-Hassenmüller, Heide: Gute Nacht Zuckerpüppchen, Recklinghausen 1989, Georg Bitter
Howard, Ellen: Lillians Geheimnis, Wien 1988, Ueberreuter
Hadley, Lee/Irwin, Anne: Liebste Abby, Weinheim 1986, Beltz
Kühn, Frauke: Es fing ganz harmlos an. Mißbrauch an Jungen. Freiburg 1990, Herder
dazu: Gloer, Nele/Schmiedeskamp-Böhler, Irmgard: Das glaubt mit doch keiner . . . Sexuelle Gewalt gegen Jungen, Freiburg 1990, Herder
Moggach, Deborah: Rot vor Scham. Geschichte einer zerstörten Unschuld. Reinbek 1985, Rowohlt
Morris, Michelle: Diesmal überlebe ich. Berlin 1988, Orlanda Frauenverlag
Steenfatt, Magret: Nele. Ein Mädchen ist nicht zu gebrauchen. Reinbek 1986
dazu: Dahrendorf, Malte/Zimmermann, Peter (Hrsg.): Sexueller Mißbrauch. Unterrichtseinheit, Unterrichtsheft für Schülerinnen ab der 8. Klasse, Reinbek 1987, Rowohlt

Kinderbücher (s. auch Kapitel 8)

Aliki: Gefühle sind wie Farben, Beltz Verlag, Weinheim (ab 7)
Braun, Gisela/Wolters, Dorothee: Das große und das kleine NEIN! Verlag an der Ruhr 1991, Postfach 102251, 45468 Mülheim a.d.R.
Mebes, M./Sandrock, L.: Kein Küßchen auf Kommando, Berlin (Donna Vita) 1988. Ein Malbuch (ab 4)
diess.: Kein Anfassen auf Kommando, Berlin 1990, Donna Vita.
Wachter, O.: Heimlich ist mir unheimlich, Berlin 1991, Donna Vita (ab 6)

Unterrichtsmaterialien

Braun, Gisela: Sag Nein! Arbeitsmaterialien gegen sexuellen Mißbrauch von Kindern. Verlag an der Ruhr, 1989, 45468 Mülheim a.d.R., Delle 47, (Kindergarten, Grundschule)
Frauen gegen Gewalt e. V. (Hrsg.): (Ver)Gewalt(tigung) gegen Frauen AB's und Infos Sek. I und II. Verlag an der Ruhr, 1989, 45468 Mülheim a.d.R., Delle 47, (ab 13 Jahre)

Spiele für Kinder und Jugendliche

Stück für Stück von Marion Mebes. Zu beziehen über „Donna Vita", Anschrift s.u.
Durch den Dschungel der Verhütung und Sexualität. Zu beziehen über Arbeiterwohlfahrt, Lützowstr. 32, 45141 Essen

Kommentierte Literaturlisten

Amt für Jugend, Referat Medienarbeit, Spohrstr. 1, 22083 Hamburg, Sexueller Mißbrauch von Kindern und Jugendlichen
Marion Mebes, Donna Vita
Fachhandel für Materialien gegen sexuellen Mißbrauch, Ruhnmark 11, 24975 Maasbüll b. Flensburg
Katalog: 5,– DM
PROFAMILIA Vertriebsgesellschaft. Verhütungsmittel und Aufklärungsmedien mbH & Co KG, Niddastr. 76, 60329 Frankfurt a.M. Katalog Nr. 4, 1991

Adressenliste von Anlauf- und Kontaktstellen – eine Auswahl

(Eine ausführliche Liste ist bei Donna Vita, Ruhnmark 11, 24975 Maasbüll b. Flensburg erhältlich)

WILDWASSER BERLIN – Modellberatungsstelle – Mädchenberatung, Mehringdamm 50, 10961 Berlin, 030/7865017, Mi Di Do Fr 10–14 Uhr, Mo Do 16–19 Uhr. Zielgruppe: Mädchen, Mütter, unterstützende Angehörige, Professionelle Gruppen mit kleinen und jugendlichen Mädchen, mit Müttern Modellprojekt mit wissenschaftlicher Begleitung und Auswertung

WILDWASSER BERLIN e. V. – Frauenbereich, Mehringdamm 50, 10961 Berlin, 030/7865019, Di Fr 10–14 Uhr, Mi 16–19 Uhr. Zielgruppe: Frauen; spezielle Gruppen: Lesben, Eßstörungen, Sucht, Agoraphobie etc.

Dolle Deerns e. V., Juliusstr. 16, 22769 Hamburg, 040/4394150, Mi 16–18 Uhr

Mädchenhaus, Hamburg, 040/63200265

Kinderschutzbund OV Lüneburg, Eisenbahnweg 9, 21337 Lüneburg

Mädchentreff, Rendsburger Landstr. 29, 24113 Kiel, 0432/685870

NOTRUF für Frauen und Mädchen, Knooper Weg 32, 24905 Kiel, 0431/91144, täglich 19–22 Uhr

NOTRUF, Postfach 1545, 24905 Flensburg, 0461/29001

Schattenriß e. V., Bremerhavener Str. 90, 28219 Bremen, 0421/393930

Mädchen NOTRUF, Bremer Heerstr. 30, 28719 Bremen, 0421/6384122, Mo Di 10–12 Uhr, Mo–Fr 14–17 Uhr, Do 17–21 Uhr

Familienberatungsst. des DKSB, Nordwollestr. 10, 27749 Delmenhorst

Berufsgruppe gegen sex. Kindesmißbrauch, c/o Therapie- u. Beratungszentrum f. Frauen, Huntestr. 22, 26135 Oldenburg

Vertrauensstelle Benjamin, Friederikenstr. 3, 26135 Oldenburg

WILDWASSER, Cloppenburger Str. 35, 26135 Oldenburg

Arbeitskreis „Sex. Kindesmißbrauch", c/o Frauenhaus d. Arbeiterwohlfahrt, Blumenstr. 17, 26382 Wilhelmshaven

Arbeitskreis „Sex. Mißbrauch von Kindern", c/o Ev. Beratungsst. f. Erz.-, Ehe- u. Lebensfr., Mühlenstr. 111, 26789 Leer

Berufsgruppe gegen sex. Mißbrauch, c/o Arbeiterwohlfahrt Aurich, Kirchstr. 5, 26603 Aurich

Beratungsst. f. Betrof. v. körperl. u. seel. Gewalt, Gretchenstr. 30, 30161 Hannover

Berufsgruppe gegen sex. Mißbrauch, c/o Kinderschutzbund Hannover, Badenstedter Straße 12, 30449 Hannover

Frauen helfen Frauen e. V., Postfach 2005, 30020 Hannover, 0511/664477, Mo–Fr 10–14 Uhr

Anlauf- u. Beratungsst. zu sex. Gewalt gegen Kinder, c/o Frauenzentrum Stadthagen e. V., Windmühlenstr. 21, 31655 Stadthagen

Frauenzentrum, Windmühlenstr. 31, 31655 Stadthagen, 05721/91048, Mo–Fr 10–12 Uhr u. 15–17 Uhr, außer Mittwochnachmittag

Sex. Mißbrauch an Mädchen, c/o Frauenzentrum Nienburg/Graefengrund, Eschenstr. 2, 31582 Nienburg

Berufsgruppe „Sex. Mißbrauch", c/o Haus der Familie, Postfach 166, Celle

Berufsgruppe „Sex. Mißbrauch", c/o Landkr. Uelzen-Jugendamt, Veerßer Str. 56, 29525 Uelzen

Heckenrose e. V., Kontakt- und Informationsstelle gegen Sexuellen Mißbrauch an Frauen und Kindern, Schillerstraße 10, 31224 Peine, 05171/15586.

Arbeitsgruppe „Sex. Mißbrauch", c/o Pro Familia, Stormhof 2, 38440 Wolfsburg

Mädchen, Info und NOTRUF, Güntherstr. 29, 31134 Hildesheim

Berufsgruppe „Sex. Mißbrauch", c/o Frauenhaus Hameln, Alte Marktstr. 84, 31785 Hameln

AK „Sexuelle Gewalt an Schulen", c/o Erika Strack, Herzogin-Elisabeth-Straße 19, 38104 Braunschweig

Frauenhaus-Beratungsstelle, Magnikirchstr. 4, 38100 Braunschweig, 0531/43302, Di Do 14–17 Uhr

Arbeitskreis „Sex. Mißbrauch", c/o Pro Familia, St.-Andreas-Weg 17, 38226 Salzgitter

Frauenberatungsstelle, Am Schölkegraben 34, 38226 Salzgitter

Berufsgruppe „Sex. Mißbrauch", c/o Referat f. Gleichstellungsfragen, Klubgartenstr. 6, 38640 Goslar

Berufsgruppe Sexueller Mißbrauch, c/o Frau Dorothea Morick, Gartenstr. 46, 37073 Göttingen

Sorgentelefon für Kinder/Jugendliche, Lotzestr. 29, 37083 Göttingen

NOTRUF für Frauen und Mädchen, Kassel, 0561/772244

Schwarze Winkel, Postfach 101103, 34010 Kassel, 0561/898889, Di 16–19 Uhr

WILDWASSER e. V., Postfach 2329, 35011 Marburg, 06421/63183, Mo–Fr 10–12 Uhr, Mi 14–18 Uhr, Do 17–20 Uhr

Asta-Frauenreferat, Universitätsstr. 1, 40225 Düsseldorf, 0211/311-4010

Arbeiterwohlfahrt, Lützowstr. 32, 45141 Essen, 0201/312051

Distel, Brassertstr. 44, 45131 Essen, 0201/776777

NOTRUF für Frauen und Mädchen, Waldthausenstr. 13, 45127 Essen, 0201/235469, Mo 19–21 Uhr, Mi + Fr 18–20 Uhr

NOTRUF für Mädchen und Frauen, Teinerstr. 16, 45468 Mülheim/Ruhr, 0208/384273, Mo–Fr 9–13 Uhr, Di 15–19 Uhr, Do 13–17 Uhr

Frauen helfen Frauen e. V., Klosterstr. 18, 48143 Münster, 0251/44474

Kinderschutzbund, Lütke Gasse 21, 48143 Münster, 0251/47180, Di–Do 10–17 Uhr

NOTRUF für Frauen und Mädchen, Dortmunder Str. 11, 48155 Münster, 0521/665777, Mo Fr 18–20 Uhr, Mi 15–17 Uhr

ZARTBITTER, Rothenburg 35, 48143 Münster, 0251/58419, Di 17–19 Uhr

Arbeitskreis „Sex. Mißbrauch", c/o Psychologische Beratungsstelle, Bernd-Rosemeyer-Str. 5, 49808 Lingen

Ärztl. Berat. gegen Vernachl. u. Mißbrauch v. Kindern, Große Gildewart 6–9, 49074 Osnabrück

Berufsgruppe „Sexueller Mißbrauch", c/o Pro Familia, Krahnstr. 23, 49074 Osnabrück

Frauenberatungsstelle, Kommenderiestr. 41, 49074 Osnabrück, 0541/29300, Mo Fr 9–14 Uhr, Mi 16–19 Uhr

NOTRUF für Frauen und Mädchen, Wiehagen 83, 45884 Gelsenkirchen, 0209/136166

WILDWASSER e. V., Adlerstr. 81, 44137 Dortmund, 0231/148877

Frauenberatung Hamm e. V., Ostenwall 11, 59065 Hamm, 02381/13104, Di 17–19 Uhr, Mi + Fr 10–12 Uhr

Mädchenhaus Bielefeld e. V., Bahnhofstr. 4, 33602 Bielefeld 1, 0521/173016, Mo + Do 10–12 Uhr, Mo + Mi 15–17 Uhr

NOTRUF für Frauen und Mädchen, Nordstr. 37, 33613 Bielefeld, 0521/124248, Mo + Do 18–22 Uhr

Alraune, Freiligrathstr. 24, 32756 Detmold, 05231/20177, Di 16–19 Uhr, Do 10–12 Uhr

WILDWASSER, Herwarthstr. 12, 50672 Köln, 0221/527081

ZARTBITTER, Stadtwaldgürtel 89, 50935 Köln, 0221/405780

Frauenberatungsstelle des Trägervereins Frauen lernen Leben e. V., Venloer Str. 405–407, 50825 Köln, Tel.: 0221/541976 u. 521579

NOTRUF für Frauen und Mädchen, Harscampstr. 5b, 52062 Aachen, 0241/344411, Mo Mi 10–14 Uhr, Mi 17–20 Uhr, Do 14–18 Uhr, Zielgruppe: Frauen und Mädchen

Frauen gegen Gewalt e. V., NOTRUF für vergewaltigte und sexuell mißbrauchte Frauen und Mädchen, Berliner Platz 31, 53111 Bonn 1, 0228/635524, Mo–Fr 10–13 Uhr, Mi 18–21 Uhr

Dröppel Femina e. V., Am Brögel 1, 42283 Wuppertal , 0202/87707

Frauen-Beratung, Kieselstr. 41, 42119 Wuppertal, 0202/423946

Frauen helfen Frauen e. V., Neugasse 2, 42897 Remscheid, 02191/662466 Di 20–22 Uhr

Frauen helfen Frauen, Postfach 210, 58002 Hagen, 02334/4848

Frauenhausberatungsstelle, Bahnhofstr. 41, 58095 Hagen, 02331/15888 Mo Mi 8.30–12.30 Uhr, Do 13–17 Uhr

IB Mädchentreff, Hufnagelstr. 14, 60326 Frankfurt, 069/738399

Verein für feministische Mädchenarbeit, Hinter den Ulmen 19, 60433 Frankfurt, 069/519171, Mo Mi Fr 12–14 Uhr

Mädchentreff, Weisenauer Str. 19, 65428 Rüsselsheim, 06142/68442, Di Do Fr 10–12 Uhr

WILDWASSER e. V., Liebigstr. 8, 64293 Darmstadt, 06151/376814

WILDWASSER e. V., Walluferstr. 1, 65197 Wiesbaden, 06121/808619

Mädchenberatung, Kornmarkt 6, 35578 Wetzlar, 06441/45107

Verein z. Förderung feminist. Mädchenarbeit, Speßweg 10, 55130 Mainz, 06131/87653

NOTRUF für Frauen und Mädchen, Dellengartenstr. 14, 66117 Saarbrücken, 0681/36767, Mo–Fr 10–18 Uhr

Kinderschutzbund, Hemshofstr. 69, 67063 Ludwigshafen, 0621/525211

WILDWASSER, Schützenstr. 26, 67061 Ludwigshafen, 0621/565721

Frauenzentrum, Herdstr. 7, 67346 Speyer, 06232/28833

NOTRUF und Beratung für sexuell mißhandelte Frauen und Mädchen e. V., C 1,3, 68159 Mannheim, Tel.: 0621/10033

Frauenzentrum, Heidelberg, 06221/13643, Mo 17–22 Uhr, Di Mi 12–14 Uhr, Do 15–20 Uhr

Beratungsladen für Mädchen, Hackstr. 2, 70190 Stuttgart, 0711/284598

Kobra, Gerokstr. 8, 70188 Stuttgart, 0711/243865, Mo–Fr 9–17 Uhr

WILDWASSER, Kernerstr. 31, 70182 Stuttgart, 0711/296432, Mi 13–20 Uhr

Mädchentreff der AWO, Hahnenstr. 47, 71634 Ludwigsburg, 07141/32651

TIMA e. V., Brunnenstr. 18, 72074 Tübingen, 07071/21849, Do 15–18 Uhr

WILDWASSER, Kaiserstr. 209 (4. OG), 76133 Karlsruhe, 0721/25375, Mo 10–12 Uhr, Di 10–12 Uhr u. 14–16 Uhr, Mi 16–19 Uhr, Do 14–16 Uhr, Fr 10–12 Uhr

NOTRUF für Frauen & Mädchen, Werner-Sombart-Str. 29, 78464 Konstanz, 07531/67999

Wendepunkt, Talstr. 21, 79102 Freiburg, 0761/72200, Do 18–20 Uhr

WILDWASSER, Schwarzwaldstr. 107, 79117 Freiburg, 0761/33339, Di 19–20 Uhr, Mi 14–17 Uhr, Do 9–12 Uhr

Diakonisches Werk, Goethestr. 4, 79576 Weil/Rhein, 07621/72709, Mi 17–19 Uhr

NOTRUF für Frauen und Mädchen, Postfach 1472, 88004 Friedrichshafen, 07541/21800, Mo–Fr 9–12 Uhr, außer Mi, Mi 16–19 Uhr

I. M. M. A. e. V., Baldestr. 8, 80469 München, 089/2014770

NOTRUF für Frauen und Mädchen, Güllstr. 3, 80336 München, 089/763737, Mo–Fr 10–18 Uhr

Zufluchtstelle für Mädchen, München, 089/183609

Frauen helfen Frauen e. V., Pernerstr. 9, 85560 Ebersberg, 08092/22070, Mo 9–13 Uhr, Fr 17–22 Uhr

Frauen helfen Frauen e. V., Postfach 110204, 93015 Regensburg, 0941/24000

Frauenprojekthaus, Prüfeningerstr. 32, 93049 Regensburg, 0941/24171

Frauengesundheitszentrum, Fürther Str. 154, 90429 Nürnberg, 0911/328262

WILDWASSER e. V., Roritzerstr. 22, 90419 Nürnberg, 0911/331330

NOTRUF und WILDWASSER, Petrinistr. 15, 97080 Würzburg, 0931/284180, Di 20–22 Uhr, Do 9–11 Uhr

Frauenhaus, Postfach 4162, 97409 Schweinfurt, 09721/16598, Di 14–17 Uhr

SEFRA e. V., Karlstr. 21, 63739 Aschaffenburg, 06021/24728, Mo–Fr 10–13 Uhr, Di + Do 14–17 Uhr

Notruf und Beratung für vergewaltigte und belästigte Frauen und Mädchen, Hoföschle 7a, 87439 Kempten, 0831/14744

Adressen von Beratungsstellen in den neuen Bundesländern

Inzwischen sind einige spezialisierte Beratungsstellen in den neuen Bundesländern gegründet worden, diese sind bisher aber noch nicht flächendeckend vorhanden. Daher ist es sinnvoll, sich an Frauenprojekte zu wenden, um aktuelle Informationen zu erfahren.

Berlin
Unabhängiger Frauenverband (UFV), Friedrichstr. 165 (10117), Tel.: 2291685, Berliner Büro Tel.: 2291753
Gruppe Gewalt gegen Frauen, c/o Christa Poeck, E.-Brandström-Str. 6 (13189), Tel.: 4724921

Cottbus
Frauenzentrum Cottbus e.V., Straße der Jugend 154, 03046 Cottbus, Tel.: 22283

Chemnitz
Frauenhilfe Chemnitz e.V., Hainstr. 34, 09130 Chemnitz, Tel.: 44075

Dresden
Komm, FZ, c/o Liane Griedel, Erlenstr. 17 (01097)
UFV, Devrientstr. 4 (01067), Tel.: 4956055

Erfurt
Frauenzentrum, Treff, Beratung + Kurse, Espachstr. 3 (99094), Tel.: 26068
„Haut nah?", Beratungs- und Kontaktstelle gegen sexuelle Mißhandlung von Kindern, Rosa-Luxemburg-Str. 48, 99086 Erfurt, Tel.: 0361/6432844
Mädchenprojekt Erfurt e.V., Nordstr. 17, 99086 Erfurt, Freizeitbereich, Beratungs-

angebot bei sex. (körperl.) psych. Gewalt. Anlaufstelle für die anonyme Zu-
fluchtswohnung für Mädchen, Tel.: 23 11 02 16 oder 64 38 342 oder 2 11 02 16

Frankfurt/Oder
Erziehungs- und Familienberatungsstelle, Siedlerweg 18, 15236 Frankfurt/Oder,
Tel.: 54 21 37
Frauenzentrum „Brücke" e.V., Bergstr. 155, 15230 Frankfurt/Oder

Halle
Kinderschutzbund Halle, Anhalter Str. 1, 06108 Halle
Frauen und Familie e.V., Magdeburger Str. 34, 06112 Halle, Tel.: 23 1 68

Jena
Fraueninitiative, Engelplatz 10 (07743), Tel.: 2 23 36

Leipzig
Fraueninitiative + Initiative Frauenhaus, c/o Haus der Demokratie, Bernhard-
Göring-Str. 152 (04277), Tel.: 39 11 162 + 31 2102

Magdeburg
Frauenzentrum + UFV, Porse-Privat-Weg 14 (39104), Tel.: 4 49 92
Wildwasser e.V., Lübecker Str. 15, 39124 Magdeburg, Tel.: 56 15 1 53

Potsdam
UFV, Otto-Nuschke-Str. 54, Tel.: 2 23 83
FZ, Kontakt-, Info-, Bildungszentrum + Schutzwohnung, Leninallee 189

Rostock
Verein Frauen helfen Frauen, Louis-Pasteur-Str. 17, 18059 Rostock

Schwerin
Fraueninitiative/UFV, Büro: Großer Moor 2–6 (19055), Tel.: 8 12 2 89

Suhl
Frauen jetzt/UFV, Büro: Dr.-Th.-Neubauer-Str. 6 (98527), Tel.: 2 00 10

Weimar
Frauenzentrum Weimar, Goetheplatz 96, 99423 Weimar, Tel.: 24 46

Wir versuchen, in jeder neuen Auflage die Anschriften zu aktualisieren und bitten
daher um entsprechende Nachricht, falls sich Anschriften ändern.

BELTZ PRAXIS

Gerhard de Haan
Ökologie-Handbuch Grundschule
Sieben Themen mit über 100 praktischen Vorschlägen für den Unterricht.
192 S. Br.
ISBN 3-407-62124-8
Aus ökologischer Perspektive werden Materialien zu den Themen Artenschutz/Artensterben, Abfall, Wasser- und Luftverschmutzung, Sanfte Technik, Verkehr, Landwirtschaft/Gartenbau sowie Wohnen vorgestellt. Das Handbuch enthält zu jedem Thema einen ausführlichen Lehrerteil mit Daten, Fakten, didaktischen Hinweisen und Medientips.

Terry Orlick
Neue kooperative Spiele
Mehr als 200 konkurrenzfreie Spiele für Kinder und Erwachsene.
338 S. Br.
ISBN 3-407-62088-8
Unabhängig davon, ob bekannte Spiele verändert, solche fremder Kulturen übertragen werden oder zur Erfindung neuer Spiele angeregt wird, immer gilt, daß anstelle von Wettbewerb die gemeinsame Spielfreude tritt und daß, anstatt einer teuren Spielausrüstung, die Phantasie gebraucht wird.

Dagmar Köppen/Brigitte Riess
Mal sehen, ob unsere Füße hören können
Musik und Bewegung im Anfangsunterricht.
102 S. Br.
ISBN 3-407-62115-9
Konkrete und erprobte Anregungen für einen interkulturellen Musikunterricht in der Grundschule.

Helga Zitzlsperger
Kinder spielen Märchen
Schöpferisches Ausgestalten und Nacherleben.
197 S. Br.
ISBN 3-407-62035-7
Volksmärchen, oft als grausam abgelehnt, besitzen eine hohe symbolische Aussagekraft, die eine sinnvolle Deutung ermöglicht. Das Buch setzt sich mit diesen Gedanken auseinander.

Helga Zitzlsperger
Ganzheitliches Lernen
Welterschließung über alle Sinne mit Beispielen aus dem Elementarbereich.
212 S. Br.
ISBN 3-407-62126-4
Wege zu einem ganzheitlichen, sinnenbetonten Lernen – mit praktischen Beispielen für die Arbeit im Vorschulbereich und in der Grundschule.

Preisänderungen vorbehalten

Beltz Verlag · Postfach 100154 · 69441 Weinheim

B_7